PEDAGOGIA DA SOLIDARIEDADE

PEDAGOGIA DA SOLIDARIEDADE

4ª edição

Paz & Terra
Rio de Janeiro l São Paulo
2021

Copyright © Editora Villa das Letras e Walter Ferreira de Oliveira.

Direitos de edição da obra em língua portuguesa no Brasil adquiridos pela EDITORA PAZ E TERRA. Todos os direitos reservados. Nenhuma parte desta obra pode ser apropriada e estocada em sistema de banco de dados ou processo similar, em qualquer forma ou meio, seja eletrônico, de fotocópia, gravação etc., sem a permissão do detentor do copyright.

Gravação, transcrição e tradução de Walter Ferreira de Oliveira.
Organização e supervisão da tradução de Ana Maria Araújo Freire.

1ª edição Editora Villa das Letras, 2009.
1ª edição Editora Paz e Terra, 2014

Editora Paz e Terra Ltda.
Rua do Paraíso, 139, 10º andar, conjunto 101 – Paraíso
São Paulo, SP – 04103000
www.record.com.br

Texto revisado segundo o novo Acordo Ortográfico da Língua Portuguesa.

Seja um leitor preferencial Record.

Cadastre-se e receba informações sobre nossos lançamentos e nossas promoções.

Atendimento e venda direta ao leitor:
sac@record.com.br.

CIP-BRASIL. CATALOGAÇÃO NA PUBLICAÇÃO
SINDICATO NACIONAL DOS EDITORES DE LIVROS, RJ

Freire, Paulo, 1921-1997

F934p   Pedagogia da solidariedade / Paulo
4ª ed.   Freire, Ana Maria Araújo Freire,
Walter Ferreira de Oliveira. – 4ª ed. –
Rio de Janeiro / São Paulo: Paz e Terra, 2021.
142 p.: il.; 21 cm.

ISBN 978-85-7753-430-2

1. Alfabetização. 2. Educação – Aspectos políticos. 3. Leitura. 4. Liberdade de ensino. I. Freire, Ana Maria Araújo. II. Oliveira, Walter Ferreira de. III. Título.

CDD: 372.4
14-09027   CDU: 372.4

Dedicamos este livro, em primeiro lugar, à memória de Paulo Freire, marido amoroso e fiel amigo, querido mestre, marco na história das ideias da era contemporânea, homem de coragem que pautou suas ações pela solidariedade para com todos os seres do Planeta Terra.

Aos educadores e educadoras do mundo, que continuam em sua eterna luta para a educação humanizadora e problematizadora, formadora de cidadãos libertando-se da opressão.

E aos profissionais, intelectuais, colaboradores e participantes do projeto Education for Social Justice, que contribuíram fundamentalmente para a realização dos eventos que originaram os textos aqui apresentados.

Ana Maria Araújo Freire
Walter Ferreira de Oliveira

Sumário

APRESENTAÇÃO de Walter Ferreira de Oliveira 9

PREFÁCIO de Henry A. Giroux: 13

Esperança da memória: à sombra da presença de Paulo Freire. 13

SEMINÁRIO
"Educação e Justiça Social: um diálogo com Paulo Freire" 21

Parte I 21

1. Palavras de boas-vindas a Paulo Freire. Bob Koob, Reitor da Universidade de Northern Iowa 21

2. Introduzindo Paulo Freire. Walter Ferreira de Oliveira 22

3. Testemunho da diferença e o direito de discutir a diferença. Paulo Freire 24

4. Perguntas dos participantes e respostas de
   Paulo Freire   40

5. Algumas palavras ou considerações em
   torno da Conferência de Paulo Freire.
   Nita Freire   49

Parte II   70

6. Solidariedade e esperança como sonhos
   políticos.
   Paulo Freire, Walter Ferreira de Oliveira
   e participantes   70

7. Fatalismo e conformidade: a pedagogia
   da opressão.
   Walter Ferreira de Oliveira   110

POSFÁCIO de Donaldo Macedo: 133

   Revisualizando Freire Além dos Métodos.

APRESENTAÇÃO

EM MARÇO DE 1996, Paulo Freire ministrou uma conferência na Universidade de Northern Iowa, em Cedar Falls, Iowa, no meio-oeste dos Estados Unidos, poucos dias depois de receber seu 30° Doutorado *Honoris Causa*, pela Universidade de Nebraska, Omaha, EUA, durante a Conferência da Pedagogia do Oprimido.

A visita de Paulo Freire a Cedar Falls materializou-se através da criação de um projeto batizado como *Education and Social Justice*, que incluiu, como preparação, um seminário interdisciplinar, aberto a professores e estudantes de pós-graduação e graduação. Várias outras atividades ocorreram durante a visita de Paulo à universidade. Uma dessas, em particular, Paulo classificou como uma experiência única: o diálogo com um grupo de professores, escritores, trabalhadores comunitários e outros intelectuais ligados a diversas áreas do conhecimento. Entre outros com Michael Baizerman (Universidade de Minnesota), Jerry Stein (de Minneapolis, Minnesota), James A. McPherson (Prêmio Pulitzer e Fellow Guggenheim, da Universidade de Iowa), Norman Sprinthall (Universidade Estadual da Carolina do Norte), Bruce Thomas (Projeto Yalp, Chicago), Joe Levy (Atkinson College, Toronto, Canadá), Nick Ashwell (Universidade de Reading, Inglaterra) e Sarah Banks (Universidade de Durham, Inglaterra), além de Christopher Edginton, Carmen Montecinos, Roger Sell e Peggy Ishler, da Universidade de Northern Iowa. Este grupo preparou-se com antecedência, discutindo tópicos e desenvolvendo as questões que foram apresentadas a Paulo Freire.

Como resultado da visita de Paulo a Cedar Falls, além do impacto vivido pela comunidade, transformado em várias iniciativas, algumas das quais perduram até o presente momento, houve a produção de um vídeo e de gravações que registraram a conferência e a secção dialógica com o Grupo de Trabalho. O largo tempo entre o evento e a edição deste livro não se prende apenas ao trabalho de transcrever e traduzir o vídeo e as fitas, adicionar comentários, convidar e ter disponíveis textos de autores do quilate de Donaldo Macedo e Henry Giroux, mas também a todas as contingências naturais que permeiam a produção acadêmica. O resultado, entretanto, é pleno de recompensa, pois os textos de Freire que constituem este livro, organizado por Nita Freire e por mim, que coordenei o projeto *Education and Social Justice*, revelam-se inovadores, de uma natureza criativa e absolutamente necessária no sentido de enriquecer uma série de reflexões indispensáveis na atualidade.

Freire, sempre em consonância com os temas maiores de nosso tempo, aborda dilemas cruciais, como a qualidade da educação e dos educadores para este nosso ainda novo século, as consequências da globalização, o desafio da tecnologia e a condição humana no mundo pós-moderno. De forma brilhante, estes e outros temas servem para que Freire nos leve a refletir sobre um problema central, o da solidariedade.

A intensidade que caracterizou a interação de Freire com esta audiência e com estes parceiros de diálogo manifesta-se, neste livro, também nos comentários e análises minhas, de Nita Freire, de Henry Giroux e de Donaldo Macedo, trazendo aos leitores e leitoras um documento que testemunha um vibrante encontro entre pessoas em busca do *Ser Mais*.

Walter Ferreira de Oliveira

PREFÁCIO

Esperança da memória: à sombra da presença de Paulo Freire
Henry A. Giroux[1]

Paulo Freire conta uma história em um dos capítulos deste livro sobre alguém ter lhe perguntado: "o que nós podemos fazer para segui-lo?" Paulo, de maneira típica, responde: "Se você me seguir você me destrói. A melhor maneira de me entender é me reinventar e não tentar se adaptar a mim." Paulo tinha pouca paciência para com

---

1. Texto escrito especialmente, a pedido de Nita para o prefácio deste livro, por Henry A. Giroux que é um dos mais importantes intelectuais da Pedagogia Crítica norte-americana e um dos poucos verdadeiros recriadores de Paulo Freire. Por ele, o meu marido nutriu grande respeito diante de sua seriedade acadêmica e ética. Atualmente vive no Canadá, onde é responsável pela Global TV Network Chair in Comunications, na McMaster University, Canadá. Sua vasta obra vem sendo traduzida e estudada não só nos EUA e Canadá, mas em grande parte do mundo, e é nome obrigatório nos cursos de educação do Brasil. Os seus trabalhos mais recentes são *The terror of neoliberalism* (Paradigm Publishers, 2004), *Take back higher education*, em coautoria com Susan Searls Giroux (Palgrave, 2004), *Border Crossings* (Routledge, 2005), e *Beyond the spetacle of terrorism: Global uncertainty and the Challenge of the new media* (Paradigm Publishers, 2006), traduzido em Portugal com o nome de *Para Além do Espetáculo do Terrorismo: A incerteza global e o desafio dos novos media* (Edições Pedago, 2006). Henry A. Giroux, entre outros trabalhos sobre Paulo Freire, escreveu a introdução do livro deste com Donaldo Macedo, *Alfabetização: leitura do mundo, leitura da palavra* (Paz e Terra, 1990). NF.

PEDAGOGIA DA SOLIDARIEDADE | 13

uma educação sob a forma de treinamento, método, ou como uma prática política e moral que negasse a História, o potencial da ação criativa individual e social, a alegria e a importância da solidariedade engajada, a importância da responsabilidade social e a possibilidade da esperança.

Paulo foi um intelectual presciente porque se arriscou, adotou posições sem ficar inerte e argumentou veementemente que a educação não era meramente fundada no aprendizado, mas um pré-requisito para a leitura crítica do mundo e para a transformação do mundo com o objetivo de torná-lo melhor. Paulo era incrivelmente perceptivo ao criar teias dialéticas que conectavam práticas aparentemente não relacionadas. Sua análise sobre a relação entre autoridade e liberdade não somente levanta o tema dos limites e possibilidades da liberdade em uma sociedade democrática, mas também foca como esta dialética se realiza em termos da teoria e prática da sala de aula. Quando aborda a atividade humana, começando com a História, ele não somente fundamenta seu entendimento do ser humano incompleto numa lógica de autodeterminação e esperança, mas também aborda a importância da curiosidade intelectual na sala de aula e como esta curiosidade e a cultura do questionamento tornam-se centrais para uma pedagogia da incompletude.

Quando ele fala sobre justiça social e sobre nossa responsabilidade sobre o outro como parte de uma discussão mais ampla da democracia global, ele torna também claro como a justiça e a responsabilidade são centrais para honrar a experiência, as vozes e as crenças que os estudantes trazem à sala de aula, e quão importante é não somente afirmar estas vozes, mas também nossa responsabilidade como educadores de apoiá-las para que elas se tornem mais do que são, para expandir o conhecimento que elas trazem para a sala de aula e expandir o senso de comunidade e solidariedade que vai além de suas famílias, aldeias, bairros e mesmo nações.

Paulo foi um intelectual do mundo que nunca se permitiu esquecer a conexão entre o abstrato e o cotidiano, o global e o local, o eu e o outro. Sua contínua interrogação sobre a relação dinâmica entre determinismo e esperança, privatização e solidariedade, treinamento e aprendizado crítico, conversação e diálogo substancial, e entre liberdade e autoridade é tão crucial hoje como era durante os muitos anos em que ele a apresentou em muitas conferências, artigos e livros.

Até sua morte ele se preocupava mais em formular questões cada vez melhores que em prover respostas ou oferecer a seus leitores o que alguns têm chamado de metodologias. Freire foi um intelectual que transformou seu próprio exílio numa questão de predestinação, mais que fatalidade, de um infortúnio em uma oportunidade de tornar-se um intelectual mundial que falava para uma audiência global. Transformar a fatalidade em destino foi fundamental para o entendimento de Freire sobre o que significa ser humano e sua compreensão do intelectual como um crítico social, cultural e ético. Foi um fator integrativo de sua própria vida e seu trabalho.

Antes de morrer, Paulo estava bem consciente do crescente autoritarismo que emergia em muitos países ocidentais. O militarismo, da mesma forma que os ataques contra imigrantes, se encontravam em ascensão. O capitalismo liberal vinha se transformando em uma forma virulenta de fundamentalismo de mercado, dominado por uma crença irracional de que os mercados poderiam resolver todos os problemas. Ocorreu ao mesmo tempo o desmantelamento do estado social, a atual criminalização de problemas sociais, e um desinvestimento e desmantelamento massivo da educação pública pelas corporações e guerreiros neoliberais. A tentativa orquestrada por parte de governos de manufaturar o cinismo na forma argumentativa do fim da História ocorria ao mesmo tempo que se normatizavam as relações opressivas de violência econômica, cultural e social. A cultura do medo, que Paulo pessoalmente experimentou no Brasil, tornar-se-ia, no mundo pós 11 de Setembro, uma questão de política de estado em muitos países, especialmente nos Estados Unidos. Países que antes reivindicavam para si o papel de cidadelas da liberdade e dos direitos humanos passaram a ser coniventes com a tortura e a abdução.

Desde a morte de Paulo entramos num período a que Hannah Arendt chamou, uma vez, de "tempos escuros" (*dark times*). E enquanto há muitos temas no trabalho de Paulo que precisam ser retomados como parte da corrente luta para ligar a educação a promessas utópicas de uma democracia inclusiva, eu quero focar, primeiramente, sua noção de esperança, porque a pedagogia narcótica do neoliberalismo, com sua falsificação da história, seu apagamento das lutas sociais, seu ataque incessante à esfera pública e sua visão inteiramente privatista e consumista da ação humana propiciou que a esperança informada seja considerada anacrônica, um luxo de outra época. Claro, não pode haver política democrática sem esperança assim como não pode haver educadores críticos sem esperança, assim como não pode haver estudantes curiosos ou questionamento da cultura sem esperança. O discurso da crítica e da possibilidade, esperança num tempo de desesperança, aparece em todos os aspectos da pedagogia e da filosofia crítica e expansiva de Paulo.

A esperança na era do descartável

A confiança de Freire na capacidade das pessoas de resistir e transformar o peso das instituições e ideologias opressivas forjou-se num espírito de luta temperado tanto pelas realidades sombrias de sua própria prisão e exílio, quanto por um profundo senso de humildade, compaixão e esperança. Extremamente alerta de que muitas versões contemporâneas da esperança não eram ancoradas na prática e não tinham uma concretude histórica, Freire repetidamente denunciou tais fantasias românticas e tinha apaixonadamente se dedicado a recuperar e rearticular a esperança através, em suas próprias palavras, de um "entendimento da história como possibilidade e não como determinismo".[2]

Para Freire a esperança é uma prática de testemunho, um ato de imaginação moral que encoraja educadores progressistas e outros a firmarem-se na margem da sociedade,

---

2. Paulo Freire, *Pedagogy of hope*. Nova York: Continuum Press, 1994, p. 91.

de pensar além das configurações de poder existentes para que se possa imaginar o impensável em termos de como se pode viver com dignidade, justiça e liberdade. A esperança demanda ancorar-se em práticas transformativas e uma das tarefas do educador progressista é "desvelar oportunidades para a esperança, sejam quais forem os obstáculos".[3]

A noção de esperança, para Freire, se fundamenta na celebração da ação humana criativa e num ataque sem trégua ao medo da liberdade. Não somente liberdade da autoridade opressiva, mas liberdade naquelas formas de autoridade de estado, que cria condições para a superação das necessidades, do sofrimento humano, da pobreza, da ausência de educação, e de uma variedade de problemas sociais que tornam a liberdade em uma maldição, estrangulada pela mera luta pela sobrevivência cotidiana.

A liberdade, para Freire, não se refere somente à liberdade individual, mas também à liberdade de participar, com outros, em dar forma a estas forças que sustentam nossas vidas. Mas, impossíveis frente à disseminação do cinismo e de uma inefável desesperança. Num tempo em que a morte constituiu tão fortemente a presunção de que o futuro era meramente uma repetição do presente, Freire lutou corajosamente pela ideia de que não havia possibilidade para a humanidade sem uma esperança imorredoura e sem que acreditássemos na possibilidade de luta e transformação. Freire se recusou a tirar da agenda a emancipação e ao mesmo tempo acreditou que não havia atalhos para a resolução de tal desafio.

---

3. Idem, Ibidem, p. 9.

Sublinhando a política da esperança de Freire está uma visão de pedagogia que se autolocaliza na linha divisória onde as relações entre dominação e opressão, poder e falta de poder continuam a ser produzidas e reproduzidas. Entendendo que a primeira tarefa da política dominante é tornar o poder invisível, Freire argumentou que para os intelectuais tornarem os mecanismos de poder visíveis em todos os níveis da interação social, devem se responsabilizar através de um projeto autoconsciente de alertar os estudantes e outros sobre os mecanismos que tornam a vida dolorosa e o sofrimento humano desnecessário aceitável.

Entretanto, para Paulo, os intelectuais não deveriam assumir o papel de legisladores ou marionetes impotentes forçando programas partidários. Ao contrário, os intelectuais deveriam tomar posições sem se tornar doutrinários, dedicar suas vidas ao estudo dos problemas sociais, assumir alguma responsabilidade pelo estabelecimento de conexões públicas e endereçar-se à causa do sofrimento humano. Paulo, neste sentido, não era desapaixonado, desinteressado ou simplesmente um intelectual mecânico que se escondia por trás de uma suposta objetividade ou se acomodava à linguagem neutra do treinamento. Ele era alguém que modelou a esperança como um ativismo crítico e pensado; a esperança, neste caso, representava tanto uma referência para imaginar um futuro diferente e um encontro pedagógico como o desejo de agir diferentemente.

A história, para Paulo, era a fundação sobre a qual se desenvolveu a atividade humana, mas não era um solo para ser reverenciado. Ao contrário, era uma crença na redenção das esperanças do passado, mais do que uma reverência alienada, que animava a crença de Freire na história e na qualidade de incompletude do que significa ser *ser humano*.

Para Freire, a batalha pelo resgate de uma pedagogia da esperança e de luta deve estar conectada ao que de melhor a democracia tem para oferecer, isto é, o reconhecimento de que uma sociedade nunca atinge os limites da justiça e deveria assumir a responsabilidade coletiva de colocar no seu lugar os recursos materiais e simbólicos que constituem "os meios que dignificam as pessoas de forma que elas tornem-se completamente livres para exercer sua ação moral e política".[4]

Os textos de Paulo que constituem o núcleo central deste livro emergem de um passado que não está mais conosco, mas ao mesmo tempo falam para um presente que oferece possibilidades importantes para um futuro diferente. A generosidade de Paulo, sua força de espírito, sua fé nos seres humanos e sua crença na educação como fundação para a ação humana criativa, frente às funestas demandas da necessidade são cruciais para qualquer entendimento dos desafios que nós enfrentamos nesses escuros tempos históricos. Na experiência vívida de Paulo nós vimos uma afirmação fantástica da solidariedade humana enquanto em suas palavras nós somos confortados com a possibilidade de tornar esta solidariedade não meramente uma memória muito querida e encantadora, mas parte de uma comunidade em amor.

---

4. Bill Moyers, "A time for anger, a call to action". Common dreams. 7 de fevereiro de 2007. www.commondreams.org/views07/0322-24.htm

Seminário "Educação e Justiça Social: um diálogo com Paulo Freire"[5]

Parte I[6]

1. Palavras de boas-vindas a Paulo Freire
Bob Koob, Reitor da Universidade de Northern Iowa

É muito importante, em nossas vidas, quando temos a oportunidade de estarmos próximos da grandeza. Eu lembro a sensação que tive, muitos anos atrás, na década de 1960, e não muito longe daqui, na verdade ali do outro lado da rua, quando pude estar presente a uma conferência proferida pelo Dr. Martin Luther King, que discutiu, brilhantemente, os temas mais relevantes da época.

Hoje eu me sinto feliz em estar, de novo, compartilhando um destes momentos com meus colegas aqui presentes, quando temos a oportunidade de receber, nesta noite, um dos mais prestigiados acadêmicos deste século. O cavalheiro que vamos ouvir tem causado um grande impacto no mundo. Além de sua grande importância no campo específico da alfabetização, ele tem contribuído para a educação em

---

5. Seminário realizado na Universidade de Northern Iowa, Cedar Falls, Ohio, EUA, em 24 e 25 de março de 1996. NF.
6. Na Parte I constam os trabalhos do dia 24 de março de 1996. NF.

todos os cantos do planeta e seus ensinamentos filosóficos têm realmente ajudado a transformar nosso entendimento não somente da educação, mas sobre a própria condição humana. A escola, a universidade, a educação superior, não seriam as mesmas sem a influência do professor Paulo Freire.

Para introduzi-lo eu chamo o Prof. Walter de Oliveira que, junto com uma Comissão formada por vários outros acadêmicos e estudantes, tornou este evento possível.

2. Introduzindo Paulo Freire
Walter Ferreira de Oliveira

Não é muito fácil, para mim, apresentar o Prof. Paulo Freire. Como brasileiro, como ser humano, como profissional, eu sinto que minha vida foi profundamente afetada pelos ensinamentos, pela obra, pelo pensamento e pela filosofia de Paulo Freire. Seu nome é sinônimo de libertação, de liberdade, de luta contra a opressão, de esperança e de pedagogia, em seu significado mais profundo.

A educação, que é uma das formas mais importantes de socializar as pessoas, foi profundamente transformada, no mundo, a partir da influência de Paulo Freire. O professor Freire publicou, recentemente, a *Pedagogia da esperança*, livro que, conforme ele diz, representa uma revisita a seu livro seminal, *Pedagogia do oprimido*, publicado há cerca de 30 anos. Os dois livros[7]

---

7. Neste momento o livro que completa a importante trilogia freireana, a *Pedagogia da autonomia*, ainda não tinha sido publicado. NF.

constituem um ciclo através do qual nós penetramos o domínio da educação e nos conscientizamos de suas íntimas ligações com o sistema de opressão; e também nos conscientizamos de que os educadores podem e devem ser arautos da esperança e não necessariamente cúmplices do fatalismo.

A educação, como instituição social, se funda na luta, se mantém viva através da luta, e esta luta deve incluir amor, conciliação, liberdade e esperança. Sua mensagem é essencial em um mundo onde a maior parte das pessoas que podem exercer uma influência sobre os jovens e sobre as comunidades tem sido cooptada para disseminar a mensagem da globalização, que prega que há somente uma maneira de viver, somente uma forma de fazer as coisas, somente uma maneira de ser um *ser humano* e somente um caminho. E somente uma forma, somente uma possibilidade, que é estar ligado aos interesses da economia de mercado. Paulo Freire é um líder na tarefa de desmistificar esta posição pessimista e fatalista.

Freire é uma inspiração para aqueles que acreditam, apesar de toda a propaganda, que nós ainda podemos nos tornar seres humanos decentes e viver vidas significantes, sem necessariamente comprometer nossa existência, fazendo dela um mero bem de consumo.

Por favor, recebam comigo, calorosamente, o professor Paulo Freire.

3. Testemunho da diferença e o direito de discutir a diferença
Paulo Freire

Em circunstâncias como esta eu sempre me pergunto sobre o que eu vou falar. O que eu poderia dizer a vocês, que pudesse ajudá-los em sua curiosidade sobre a educação. Eu decidi então que deverei falar mais ou menos as mesmas coisas que falei dias atrás em uma das minhas recentes apresentações aqui nos Estados Unidos. Eu vou tentar pensar na educação como se eu estivesse sozinho no meu escritório, em casa. Nestas ocasiões eu costumo me fazer algumas perguntas. Uma delas, por exemplo, e normalmente a primeira que nós podemos nos perguntar sobre a educação, é precisamente, *o que é a educação?* Ou, em outras palavras, o que pode ser a educação, ou quais são os fundamentos da existência da prática educacional, como nós a entendemos, como nós, seres humanos, a praticamos? A partir daí nós poderemos ter outras questões para formular e talvez algumas respostas para oferecer.

Ao perguntar acerca de algumas das razões fundamentais para a existência da educação, nós estamos perguntando sobre a nossa própria existência no mundo. Eu acredito que é impossível entender a educação sem uma certa compreensão dos seres humanos. Não há educação sem a presença dos seres humanos. E como é que nós, seres humanos, mulheres e homens, criamos em nós mesmos a necessidade e a possibilidade de praticar a educação? Como é que nós criamos a possibilidade de educar e de sermos educados? A esta altura, nós estamos tocando em alguma coisa que nós podemos chamar de a natureza do ser humano. Natureza, não entendida como alguma coisa que simplesmente existe e não como uma coisa que existe independente da História, *a priori* da História, mas, ao contrário, como uma criação dentro da História. Quer dizer, como seres históricos nós estamos permanentemente engajados na criação e na recriação de nossa própria natureza.

Por causa disto, nós, na realidade, não somos: nós estamos nos tornando, vindo a ser. Para que nós, seres humanos, sejamos o que somos, nós necessitamos nos tornar, *vir a ser* aquilo que somos. Nós não precisamos ser — se nós simplesmente somos, nós paramos de ser. Nós somos precisamente porque nós estamos nos tornando.

Este processo de ser e não ser, o processo de tornar-se, de *vir a ser*, explica nossa presença na História e no mundo. Isso também explica que, como seres humanos, seres históricos, nós somos seres inconclusos. Nós somos seres inacabados. As árvores e os leões também são seres inconclusos. Mas eles não sabem disto. E mesmo que eles saibam, eles não podem entender isso, porque eles não têm consciência do seu conhecimento, do seu saber, como nós temos do nosso.

Se nós somos seres inconclusos — os leões, as árvores e nós — por que, então, falar sobre educação e por que falar sobre nós? Por que nós não podemos falar sobre educação discutindo sobre o comportamento das árvores? As árvores e os leões também se comunicam entre eles. Nós, eu e Nita, temos em casa um casal de pastores-alemães e eles têm uma boa relação com os seus filhotes. Eles não educam esses filhotes, mas eles fazem algumas coisas que, em seu nível, funcionam como se eles fossem educadores. Mas eles não são realmente educadores.

Eu estou certo de que, não só do ponto de vista metafísico, o que explica a razão para a existência da educação é fundamentalmente o fato de sermos seres inconclusos e de termos a consciência desta incompletude. A educação se encontra a si mesma neste ponto. Por causa disto nós falamos de *educação* entre nós e falamos de *treinamento* de animais e falamos de *cultivo* das árvores. Somente mulheres e homens têm a experiência da educação e a razão para isto é que, sendo seres inconclusos e tendo consciência de que somos seres inconclusos, a educação torna-se uma absolutamente indispensável aventura.

Entretanto, quando eu falo educação, não estou necessariamente significando educação como nós a praticamos hoje. A educação que os gregos desenvolveram pertence à sua história, a seu momento. No curso da história da educação nós temos mudado, de tempos em tempos, a conceituação de como lidar com as crianças, de como lidar com estudantes. Nosso entendimento da infância é historicamente mutável. Todas estas mutações têm ocorrido sob a influência das transformações históricas e sociais, que nós temos presenciado no curso da História.

O fato é que a educação é absolutamente necessária, dada a natureza dos seres humanos, como seres inconclusos e conscientes disto, mas precisamente porque os seres humanos são seres históricos a educação é também um evento histórico. Isto quer dizer que a educação muda no tempo e no espaço.

Por exemplo, é um engano — e quando digo engano, eu estou sendo polido — que uma nação, um estado, pense que pode educar outras sociedades e outros povos. É como se, por exemplo, o Brasil, cheio de poder — e felizmente isto não existe —, decidisse educar o mundo através de Paulo Freire. E então o Brasil mandasse Paulo Freire para a África, para a Ásia, para a América do Norte, para ensinar aos outros povos a ser como os brasileiros. Isto seria um absurdo, isto é um absurdo e o nome para isto é imperialismo. E além desta dimensão política nós temos também um erro filosófico, um equívoco cultural, um desentendimento do que significa cultura. Eu sou um brasileiro, eu sou minha linguagem, eu sou minha comida, eu sou meu clima, assim como vocês são a sua linguagem, o seu clima, a sua comida, os seus sentimentos, os seus *sonhos*. E nós não podemos exportar *sonhos*.

Uma vez, no início das minhas viagens pelo mundo, alguém me perguntou, não lembro onde, "Paulo, o que nós podemos fazer para segui-lo? Para seguir as suas ideias?" E eu respondi: "Se você me seguir, você me destrói. O melhor caminho para você me entender é me reinventar, e não tentar se adaptar a mim."

A experiência não pode ser exportada, ela só pode ser reinventada. Esta é a natureza histórica da educação. Isto explica por que, por exemplo, a principal responsabilidade, para os educadores e as educadoras, é de mudar a educação. As pessoas responsáveis pela educação deveriam estar inteiramente *molhadas* pelas águas culturais do momento e do espaço onde atuam.

Eu não tenho a menor dúvida de que um estrangeiro, um professor norte-americano, chileno, francês ou indiano, pode ir para o Brasil e ajudar a mudar a educação no Brasil. Mas ele ou ela só pode fazer isso se, em primeiro lugar, ele ou ela realmente souber alguma coisa sobre o Brasil. Segundo, se ele ou ela quiser aprender sobre a realidade brasileira. E em terceiro lugar, se ele ou ela for suficientemente humilde para repensar a si mesmo ou mesma dentro da nova realidade. Sem estas condições, é melhor para todos nós que esta pessoa fique em casa, não tente nos educar. E a mesma regra se aplica a mim. Eu estou certo de que eu posso dar uma contribuição para os educadores deste país, mas eu tenho que, em primeiro lugar, respeitá-los em seu conhecimento sobre seu país, sua cultura e sua história. E então eu posso perguntar: "O que você pensa disto?" E eu tenho que estar aberto a aprender sobre a realidade local. Fora disto, o que nós temos é autoritarismo e desrespeito pelo outro. E este é outro aspecto que me faz acreditar que a educação se desenvolve na História, nasce na História e se transforma historicamente, assim como nós nos construímos historicamente e não apenas geneticamente. Concluindo, nós somos a relação entre a herança genética e a herança cultural e histórica. Nós somos estas relações.

Depois de compreender que a educação é uma consequência da nossa incompletude, da qual nós somos conscientes, nós podemos, então, tentar um exercício de reflexão crítica. Nós podemos pensar sobre uma situação educacional para poder tentar apreender seus elementos constitutivos. Vamos fazer este exercício, vamos pensar em uma situação educacional, não importando se esta situação aconteça em casa, informalmente, entre babás e crianças, ou numa situação organizada formalmente na escola. Não importa se numa escola de ensino primário ou de grau superior.

Em primeiro lugar, quando nos pensamos numa situação educacional, nós pensamos o que toda situação educacional implica, historicamente. De um lado, na presença do educador, do professor e, do outro lado, na presença do educando, do estudante, do aprendiz. Eles têm suas especificidades. E eu gostaria de dizer, porque às vezes as pessoas não me entendem bem, acham que para mim não há diferenças entre professores e estudantes, entre educadores e aprendizes. Eu nunca escrevi isto, eu nunca disse isto, mas porque eu insisto em criticar a arrogância de professores e de professoras, porque eu insisto em criticar o autoritarismo dos professores, algumas pessoas concluem que para mim os professores são iguais aos estudantes e que eu não reconheço nenhum tipo de autoridade. Não, eu nunca disse isto, porque eu penso que isto é um engano, isto está errado. Professores são professores, professoras são professoras e estudantes são estudantes. Se os estudantes fossem como os professores, nós não precisaríamos dizer professores e estudantes porque todos seriam o mesmo. Nós poderíamos, simplesmente, dizer "professores" ou "estudantes", porque ambos seriam o mesmo. Nós poderíamos dizer somente professores ou somente alunos porque eles todos seriam semelhantes. Em segundo lugar, nós não poderíamos entender o processo em que eles encontram-se imersos.

Portanto, é necessário sublinhar as diferenças, as especificidades de ambos e suas tarefas. As tarefas que ambos devem realizar.

Quando nós pensamos numa situação educacional, nós talvez possamos descobrir que em toda a situação educacional, além dos dois lados, dos dois polos, estudantes e professores, há um componente mediador, um objeto de conhecimento, a ser ensinado pelo professor e a ser aprendido pelos estudantes. Esta relação é, para mim, mais bonita quando o professor tenta ensinar o objeto, a que nós podemos chamar de conteúdos do programa, de uma forma democrática. Neste caso, o professor faz um esforço sincero para ensinar o objeto que ele ou ela supostamente já conhece e os estudantes fazem um esforço sincero para aprender o objeto que eles ainda não conhecem. Entretanto, o fato de que o professor supostamente sabe e que o estudante supostamente não sabe não impede o professor de aprender durante o processo de ensinar e o estudante de ensinar no processo de aprender. A boniteza do processo é exatamente esta possibilidade de reaprender, de trocar. Esta é a essência da educação democrática.

Mesmo agora, enquanto eu estou de certa forma repetindo, revisitando, e redizendo algum tipo de conhecimento que eu já tenho por muitos anos, eu estou restaurando em mim este conhecimento. É como se eu estivesse provando, testando e renovando o conhecimento que eu já tenho. Talvez eu esteja conhecendo melhor o que eu já conhecia. Claro, se nós decidirmos ficar com esta questão, da relação entre estudantes e professores, e seus papéis, nós podemos despender horas pensando, refletindo. Nós poderíamos, por exemplo, estender a questão para examinar nossa experiência na prática de ensino. Por exemplo, o que eu estou fazendo como professor de biologia, ou de história, ou de matemática? O que eu estou ensinando? O que significa, para mim, ensinar? E em examinando estas questões eu teria que me perguntar: "Eu estou sendo coerente, na minha prática, com o que eu penso sobre o ensinar?" Porque eu posso pensar democraticamente sobre o ensinar, mas ser autoritário na minha prática de ensino. E isto acontece muito. Não é incomum que nosso discurso não tenha nada a ver com as nossas práticas. Isto é muito comum, por exemplo, entre os políticos. Uma coisa é o discurso do candidato, outra coisa é a prática do político eleito. Depois de eleitos os políticos não têm nada a ver com o discurso do candidato. E minha luta inclui um esforço para que todos nós educadores apreendamos, aprendamos e vivamos esta coerência entre o que nós fazemos e o que nós dizemos.

A primeira e a segunda condição da educação são, portanto, a presença de professores e estudantes e a mediação nas suas relações pelos objetos de conhecimento, aos quais nós chamamos os conteúdos da educação. Outra característica da experiência educacional, tão importante quanto a existência e as relações entre professores e estudantes, é a qualidade do processo de educação, o qual tem importantes implicações dos pontos de vista técnico, filosófico, estrutural e político. Analisando qualitativamente o processo de educação, eu gostaria de chamar atenção para a qualidade da diretividade, a partir da proposta de que não há educação que não seja diretiva. Diretividade da educação não significa necessariamente autoritarismo.

PEDAGOGIA DA SOLIDARIEDADE | 31

Diretividade na educação, entendida filosoficamente e epistemologicamente, quer dizer que a educação, como processo, significa algo que vai além dela mesma. Vou tentar esclarecer esta questão.

Quando alguém ensina, sua responsabilidade moral é entender que ninguém pode ensinar aquilo que não sabe. Eu tenho primeiro que saber para em segundo lugar poder ensinar. Mas para ensinar, eu preciso de algo mais do que simplesmente saber. Vamos supor que eu ensine sintaxe da língua portuguesa, algo que eu ensinava quando eu era muito jovem. Eu tenho que saber sintaxe da língua brasileira como prefiro dizer hoje em dia, em lugar de língua portuguesa, mas eu devo saber também *em favor de quê, em favor de quem, em favor de que sonho* eu estou ensinando sintaxe e o "português" do Brasil. E em consequência de pensar em *favor de quem, em favor de quê, em favor de qual sonho* eu estou ensinando eu terei que pensar, *contra quem, contra o quê, contra qual sonho* eu estou ensinando. E no meu ponto de vista é impossível ser um professor sem perguntar sobre estas questões. Se nós considerarmos a educação em suas dimensões filosóficas, epistemológicas e históricas, nós não podemos fugir destas questões. Eu chamo esta qualidade da educação, de ir além de si mesma — pelo fato de que o processo de educação vai sempre além de si própria — , de diretividade da educação. Quando digo "além" isso significa que a educação sempre está relacionada com um sonho e que os professores e as professoras devem ter seus próprios sonhos, suas próprias utopias.

Eu me sinto muito triste quando um educador me diz "eu ensino matemática, meu sonho é a matemática". Não, o sonho não pode ser apenas a matemática. Eu ensino matemática porque eu acredito que ela é necessária para que a sociedade tenha menos discriminação. O sonho principal, o sonho fundamental não é a matemática. A matemática é muito importante, mas tem que estar a serviço de alguma coisa. Eu quero que a matemática trabalhe em favor da minha pessoa, um ser humano.

Outra coisa que tem a ver com a diretividade da educação é quando o educador ou a educadora, em sua relação com os estudantes, exacerba sua autoridade. E isto se torna uma coisa louvável, na visão de alguns professores: castrar a liberdade dos estudantes. O oposto disto ocorre quando a autoridade do educador desaparece e a liberdade dos estudantes torna-se exagerada. Neste caso, não há liberdade, mas licenciosidade. Eu rejeito ambas essas possibilidades, tanto o autoritarismo e a licenciosidade do educador ou da educadora, quanto o autoritarismo e a licenciosidade dos estudantes.

Esta é uma questão importante, da qual não podemos escapar, a contradição entre a autoridade e a liberdade. E eu quero dizer a vocês, e talvez isto já tenha sido entendido a partir da leitura de meus textos, que eu amo a liberdade. Eu amo a liberdade e tento entendê-la de tal maneira que, recentemente, em meu último livro,[8] eu escrevi que a autoridade é uma invenção da liberdade. A liberdade inventou a autoridade para a liberdade poder continuar

---

8. Trata-se de *À sombra desta mangueira*. Notas de Ana Maria Araújo Freire. São Paulo: Olho d' Água, 1995. NF. Organização e notas de Ana Maria Araújo Freire. São Paulo: Paz e Terra, 2013.

a existir. Porque sem limites a liberdade não pode existir, ela se perde. Portanto, um grande erro é pensar-se que, criando a autoridade, a liberdade corre o risco de perder a liberdade. Esta, aliás, é uma das coisas mais bonitas na experiência humana, o risco de morrer, o risco de desaparecer. Uma característica importante dos seres humanos é a possibilidade de arriscar-se e uma das coisas mais bonitas é correr riscos.

As árvores também têm riscos, mas elas não se arriscam. Hoje as árvores estão aqui, mas amanhã um administrador pode resolver cortá-las e elas não têm como saber disto. Nós corremos o risco de morrer, mas nós nos arriscamos. Nós assumimos a possibilidade de arriscar-nos. Sem riscos não haveria possibilidades para a existência humana. Seria uma coisa aguada, insípida. A existência humana seria como água sem sal.

Eu venho propondo que é muito importante reconhecer esta qualidade da educação, esta possibilidade de "ir além dela mesma", que implica o direito e o dever do educador e da educadora e também dos estudantes de *sonhar* e de lutar por seus *sonhos*. Claro, nós temos que estar também alertas para o "direito" que o educador não tem, o de impor os seus *sonhos* aos estudantes. Os educadores não deveriam ter que esconder seus *sonhos*, mas não pode impô-los. Dizer sobre eles é um direito, mas têm a obrigação de dizer que há diferentes *sonhos*.

Consideremos, para exemplo, uma universidade. A universidade que tem apenas professores e professoras progressistas é um desastre. A universidade que só tem professoras e professores reacionários é outro tipo de desastre. O que os jovens necessitam é precisamente do *testemunho da diferença e o direito de discutir a diferença*. Isto é o que deveria acontecer. Quão bonito é para os estudantes acabar de ouvir um professor ou professora progressista falar sobre a utopia, criticando, por exemplo, um discurso neoliberal — que agora está espalhando pelo mundo a terrível ideologia do fatalismo — e ouvir, depois que aquele professor ou professora se retira da sala de aulas, outro ou outra, que entra, defendendo o discurso neoliberal.

Talvez alguém me pergunte: "Paulo, você não acha que isto é muito confuso, que nós podemos confundir os estudantes?". E eu digo, é fantástico que a gente confunda os estudantes. Eles têm que aprender a lidar com a confusão. Eles têm que ser formados de uma maneira a não aceitar qualquer coisa que os professores digam, precisam ser formados para criticar os professores. Isto não é falta de respeito. E neste aspecto — podem pensar que eu sou muito conservador — eu exijo respeito como pessoa e como educador. Vocês têm todo o direito de rejeitar o meu conhecimento e minha sabedoria, de criticar o meu pensamento. Mas vocês têm a obrigação de me respeitar e eu não aceito ser desrespeitado. E é possível ser absolutamente sério e democrático e ao mesmo tempo exigir respeito. Na minha perspectiva, quanto mais a universidade estimular diferentes formas de pensar, de sonhar, tanto mais os estudantes terão a possibilidade de fazer escolhas no futuro. E isto significa que mais os jovens terão a oportunidade de produzir.

Vamos falar de outra qualidade da prática educativa, pela qual eu tenho muito apreço e que me toca de tempos em tempos: o forte respeito que o educador deve ter pelos estudantes e por seus colegas. Eu penso que os professores deveriam evitar o tipo de confronto no qual eles e elas às vezes se envolvem, vis-à-vis com os estudantes e com outros professores. Eles deveriam, em suas aulas, evitar falar mal de outros professores. Eu acredito que este é um erro, que tem a ver com outra dimensão do processo de educação, absolutamente necessário à educação, que é o aspecto ético da prática educacional. O professor tem que ser mais e mais ético. Eu nunca diria que o professor ou a professora deva ser um puritano, mas nós precisamos mostrar pureza para os estudantes.

Nós temos que dar exemplos. É absolutamente importante saber que a educação demanda exemplos, testemunho. O discurso, o discurso democrático do professor, que não se funda na prática, que distorce, que nega a prática, é uma contradição. Por exemplo, quando eu estava vivendo em Genebra, uma amiga minha, que é psicóloga, estava frequentando um seminário especial, na Universidade de Genebra, sobre sociedades autoritárias. Ela me contou que o professor era muito bom, muito competente. Quando ele estava ensinando minha amiga costumava olhar em seus olhos, ela não conseguia despregar seus olhos dos dele, de tanto que ela admirava a ele e aos seus ensinamentos. Um dia ela estava tendo aula e queria fumar. Ela buscou seus cigarros na bolsa enquanto continuava olhando nos olhos do professor. Ela pegou um cigarro e acendeu, sem parar de prestar atenção na aula. O professor parou e perguntou a ela: "Senhorita, você sabe quem sou eu?" e ela disse: "Claro, o senhor é o professor." E ele disse: "Então, eu não entendo como é possível que você queira fumar sem a minha permissão". E minha amiga pegou suas coisas e disse: "Aqui termina minha experiência com o senhor, e eu a tomo como um bom exemplo de autoritarismo. Muito obrigada e adeus."

Eu interpreto esta história da seguinte forma. Uma coisa seria o professor dizer para os estudantes: "Vamos discutir sobre fumar. Eu agradeceria, se fosse possível, que vocês não fumassem". Neste caso, o professor estaria expressando sua posição, ele ou ela estaria dando aos estudantes uma oportunidade de discutir, de argumentar, se este fosse o caso. Uma situação diferente seria se houvesse uma regra administrativa, se a administração tivesse estabelecido como condição não fumar na sala de aula. Outra coisa foi o que o professor fez, forçando os estudantes a fazer algo sem que os estudantes tivessem a oportunidade de discutir isso. E eu acredito que esta história sublinha um dilema ético.

Não há educação sem ética. E precisamente porque a ética anda constantemente muito perto da estética, porque há uma certa intimidade entre a beleza e a pureza, que a educação é também um evento estético. Eu sou tão radical no meu entendimento da educação como arte que eu não aceito a expressão muito usada: "educação através da arte". E quando eu digo que não aceito não é porque eu pense que é errado falar desta maneira, mas porque eu acredito que isso é redundante, já que a educação é, em si, uma experiência da beleza. Porque a educação tem a ver com *formação* e não com *treinamento*. A educação vai além da mera transferência de técnicas. Eu vejo como perigosa a possibilidade da educação se reduzir a técnicas, se transformar meramente em técnica, em uma prática que perde de vista a questão do sonhar, a questão da boniteza, a questão de ser, a questão da ética. Aquela é uma educação apenas para a produção, para o *marketing*.

A educação não pode ser somente técnica, porque a educação tem como característica uma outra qualidade, que eu chamo politicidade. A politicidade da educação é a qualidade que a educação tem de ser política. E um princípio relacionado com esta qualidade é que a educação nunca foi nem nunca será neutra. Eu não estou falando de partidos, dos Democratas ou dos Republicanos, mas apenas analisando a natureza do processo educacional. Claro, os partidos têm não somente o direito, mas o dever, de construir uma concepção de educação. Como é possível ser um político sem tornar-se um professor, sem tornar-se um educador? O partido político, nas suas lutas, tem que mostrar ao povo o que eles entendem por educação. O que significa para eles priorizar a educação, como eles acreditam que deva ser o orçamento para a educação e assim por diante. Mas, independente das plataformas dos partidos políticos, a educação é um evento político.

Entretanto, e além das qualidades sobre as quais eu falei até agora, o processo da educação implica também em técnica; implica também na utilização de instrumentos tecnológicos. É impossível, hoje em dia, a um país industrializado desenvolver a educação sem usar os elementos sofisticados de tecnologia.

Quando eu era Secretário de Educação da cidade de São Paulo eu introduzi, de uma forma muito clara, computadores nas escolas públicas. Nós convidamos como consultor um discípulo de um eminente professor do Massachusetts Institute of Technology (MIT), Seymour Pappert, e com isso foi então possível dar às crianças das favelas o acesso aos computadores. A questão para mim não é evitar o uso da tecnologia, mas entender e apropriadamente desenvolver uma política para o uso da tecnologia. A questão para mim não é ser contra a tecnologia, mas ter clareza sobre qual é a política que sustenta o uso da tecnologia. Em outras palavras, estamos usando a tecnologia *em favor de quem* e *em favor de quê*, e *contra quem*, e *contra o quê*.

A tecnologia é um instrumento, um instrumento cultural e histórico. Como tal, a introdução e o uso da tecnologia têm que ser considerados em suas dimensões históricas e culturais. Nós não podemos impor a uma cultura o uso de instrumentos tecnológicos que estão trezentos, quatrocentos anos à frente da realidade das pessoas, além dos sentimentos das pessoas. É por isso que ser um educador ou um administrador da educação implica em que se tem que, constantemente, aumentar e aperfeiçoar o seu próprio entendimento de outras culturas, para se ter mais e mais leituras de mundo mais abertas, mais críticas. E quando eu me refiro a outra cultura eu não estou necessariamente me referindo a outro país. Nós podemos ter culturas diferentes no mesmo país, no mesmo estado, na mesma cidade. É por isso que o educador deve estar atento para a cultura, para a história, para os sentimentos. Ele ou ela deve quase adivinhar os sentimentos dos estudantes, das pessoas.

E em fazendo escolhas nós devemos ser coerentes com nossas escolhas de forma a evitar contradições incompatíveis com a nossa prática. Se a minha escolha é ser um educador democrático, meu discurso tem que estar afinado com esta escolha, tem que estar coerente com a minha prática de tal forma que, a certa altura, meu discurso é já a minha prática. Se nós não nos conduzirmos desta forma nós não somente nos perdemos, mas podemos levar os estudantes a se perderem.

Muito obrigado.

4. Perguntas dos participantes e respostas de Paulo Freire

PARTICIPANTE: — Dr. Freire, eu estou interessado em saber mais sobre a relação entre construtivismo e o que o senhor vem ensinando e escrevendo por todos estes anos. Há muitas pesquisas e práticas, atualmente, que defendem uma abordagem mais construtivista na educação. Em relação aos estudantes, nós temos tomado mais responsabilidade pelo aprendizado dessa abordagem, de tal maneira que os professores se tornaram mediadores deste aprendizado. Em que ponto da história o construtivismo aproveitou suas ideias e quão similares são as ideias construtivistas às suas?

PAULO FREIRE: — Ao responder sua pergunta, agradecendo por tê-la feito, eu devo pedir às pessoas aqui presentes que me perdoem por uma possível falta de humildade. Eu estou certo, e isto eu considero não como uma falta de humildade, que eu tenho tudo a ver com o construtivismo. A razão é que o construtivismo tem tudo a ver comigo. Do meu ponto de vista, é impossível, hoje, pensar em construtivismo sem mencionar, claro, Piaget e Vygotsky.[9] Eu não estou me comparando a estes dois homens extraordinários, mas eu diria que eu tenho debatido e discutido, nestes últimos trinta e cinco anos, algumas das afirmações e alguns dos princípios fundamentais do construtivismo. Às vezes as pessoas me fazem a mesma pergunta no Brasil e eu sempre me sinto inibido porque eu devo dizer a verdade. Às vezes também me perguntam "Por que você nunca usa a palavra construtivismo?" E minha resposta é: "Porque eu nunca senti esta necessidade". Eu discuto a realidade da educação como eu a vejo, como eu a pratico. Eu lhe agradeço muito, novamente, pela sua pergunta porque me permitiu perder um pouco da humildade, o que é bom, de tempos em tempos.

PARTICIPANTE: — O senhor tem alguma explicação de por que alguns educadores ainda acreditarem que a educação possa ser neutra e livre da influência de valores?

PAULO FREIRE: — Isto é muito difícil de explicar, mas eu estou certo de que uma das razões para isto, apesar de estes educadores não saberem, é o poder da ideologia. É muito interessante que muita gente hoje em dia negue a

---

9. Vejam na obra do filósofo da libertação o estudo comparativo entre esses dois construtivistas e Paulo Freire: Enrique Dussel, *Ética da libertação na idade da globalização e da exclusão*. Petrópolis: Vozes, 2000, p. 428 a 441; e, Ana Maria Araújo Freire, "A reinvenção de uma sociedade mais ética: o sonho possível de Paulo Freire", in *Conferências dos Colóquios Internacionais Paulo Freire (II)*, org. Alder Júlio Ferreira Calado, Coleção Paulo Rosas, vol. X. Recife: Bagaço, Centro Paulo Freire Estudos e Pesquisas, 2007. NF.

existência das ideologias. Não há mais ideologias, nem história, nem classes sociais, nem sonhos, nem utopias, nem esperança, e assim por diante. No meu ponto de vista, a única forma de lidar com a ideologia é através da ideologia. Só ideologicamente alguém pode dizer que a ideologia desapareceu. O discurso que nega a existência da ideologia é, em si, tremendamente ideológico. A ideologia continua a ser muito poderosa. Nós introjetamos a ideologia, nós a incorporamos, nós a colocamos dentro de nós. Eu tenho um exemplo deste tipo de introjeção que aconteceu comigo.

Depois que a *Pedagogia do oprimido* foi publicada aqui nos Estados Unidos, em 1970, eu recebi uma quantidade enorme de cartas de mulheres deste país, me perguntando por que eu usava uma linguagem, naquele livro, que ignorava a presença das mulheres no mundo. Eu fui questionado apenas sobre minha linguagem. Muitas mulheres norte-americanas me disseram em suas cartas que este livro estava sendo útil para elas, mas que, apesar disto, ele era contraditório. "O seu livro diz, por exemplo, que somente o homem pode transformar o mundo. Por que não também as mulheres?" — me perguntavam. Este é um bom exemplo do poder da ideologia. Eu nasci em 1921. Em 1971, quando eu recebia estas cartas, eu tinha 50 anos. Àquela idade eu ainda estava falando como eu fui ensinado a falar, o que significa: o que eu fui ensinado a entender, o que eu fui ensinado a acreditar. Eu fui ensinado através do uso da sintaxe, o que, para muitos, é um elemento neutro. Eu aprendi, na minha experiência educacional, que quando nós dizemos "homem", nós incluímos as "mulheres", e isto é uma mentira. Se eu digo aqui "todas as mulheres do mundo" os homens não estão incluídos. Como é possível, então, pensar que ao dizer "todos os homens do mundo" as mulheres estão incluídas? Elas não estão. Entretanto, eu levei muito tempo para entender isto e eu devo este entendimento às mulheres norte-americanas. Eu conto esta história na *Pedagogia da esperança*, que é uma revisitação, um reencontro com a *Pedagogia do oprimido*. E eu tomo isso como um exemplo do poder da ideologia. E é precisamente o poder da ideologia que faz com que alguns professores e algumas professoras ainda acreditem que a sintaxe é neutra, que a educação é neutra.

Outro aspecto da ideologia é a questão do interesse e do medo. Se nós considerarmos, por exemplo, o interesse que vem do medo de perder um emprego, do medo de arriscar-se. Muitos de nós, em algum momento da vida, pode pensar: "É melhor manter meu emprego em paz, eu não tenho que discutir esta questão da politicidade, da história — é demasiadamente perigoso discutir essas coisas" .

Mas, se nós realmente queremos analisar o significado da educação, o que acontece com a educação, o que está acontecendo com as nossas sociedades, nós não podemos ignorar o caráter político de nossa existência, o caráter político da educação, o caráter político da vida social. E apesar de tudo, muitas vezes nós evitamos discutir o caráter político da educação porque é arriscado, pode até mesmo colocar nosso emprego em perigo, repito. O medo, neste caso, nos impõe o silêncio sobre estes e também sobre muitos outros temas.

Enfim, para responder a sua questão, do meu ponto de vista, e na medida em que mulheres e homens tornaram-se através dos milênios na História capazes de criar o mundo humano, que é diferente do mundo animal; na medida em que nós criamos a história e o tempo, quer dizer, o tempo humano, nós não podemos mais analisar a existência humana sem considerar nossa natureza política. E isto acontece apesar do fato de os partidos políticos, como são hoje, poderem desaparecer. Porque eles estão se tornando cada vez mais incapazes de responder a algumas questões cruciais formuladas no contexto da nossa realidade pós-moderna. Em essência, o que eu quero dizer é que a existência humana é uma experiência política e a educação, como uma importante dimensão da existência humana, se constitui numa experiência política, exatamente como os gregos da antiguidade a consideravam.

PARTICIPANTE: — Se a educação é um processo de *vir a ser,* nós não corremos o risco de estagnarmos quando chegamos à conclusão de que aprendemos algo?

PAULO FREIRE: — Esta é uma questão muito interessante tanto do ponto de vista filosófico quanto do epistemológico. Para responder a você, a esta questão, nós precisamos falar sobre a historicidade do conhecimento. Na medida em que o conhecimento humano pode ser desenvolvido como parte da história, dentro da história, o conhecimento que nós produzimos nunca pode ser considerado como o último. O que nós consideramos como conhecimento hoje talvez não seja considerado como conhecimento amanhã e talvez não tenha sido considerado como conhecimento ontem. A possibilidade de *vir a ser*, de tornar-se, que é uma característica dos seres humanos, é também característica da nossa produção do conhecimento. Então, quando nós adquirimos conhecimento, nós não estamos necessariamente concluindo a nós mesmos; nós estamos apenas nos inserindo no processo permanente de recriar, de reconhecer.

PARTICIPANTE: — O senhor escreveu um texto sobre a questão da extensão e da comunicação no meio rural, que falava sobre a ideia de transferir o conhecimento de cima para baixo. O senhor também escreveu, no mesmo sentido, sobre o modelo bancário da educação, quando o conhecimento funciona como um depósito em um banco e não como uma relação igualitária de poder. Nesta noite me parece que o método bancário foi usado aqui, o seu conhecimento sendo depositado sobre nós, na audiência. O senhor estava usando o método bancário como uma forma de extensão. O senhor acha que a extensão é uma abordagem adequada em um contexto como este, mas não em outros? O que é, então, adequado?

PAULO FREIRE: — Eu acho que é muito fácil lhe responder. Primeiro, eu considero que eu não estava fazendo extensão de nada hoje à noite. Em segundo lugar, eu penso que eu não estava fazendo bancarismo, transferência de conhecimento. Você deve lembrar que eu tenho constantemente falado sobre a necessidade dos estudantes terem uma visão crítica dos educadores e da educação — e eu não quero dizer que as pessoas aqui sejam meus estudantes, mas uma audiência de ouvintes. O problema da educação bancária não está somente relacionado com o educador, mas ao fato de que o conhecimento não pode ser "engolido", ele tem de ser conduzido. O que nós fizemos aqui esta noite foi tirar vantagem das possibilidades da linguagem, uma situação em que uma pessoa veio, falou para outras, não apresentando sua fala como a verdade, mas como suas convicções. Desde o início eu coloquei que não forneceria *as respostas*, mas *as minhas respostas* para algumas questões. Então, você tem o direito de dar as suas respostas, de pensar na educação e me dizer, por exemplo, que do seu ponto de vista a educação não é uma maneira de promover a completude dos seres, que a educação é uma dádiva de Deus. E eu tenho o direito de dizer, "Não, Deus não tem nada a ver com isto". Deus não veio ao mundo para nos ensinar nada. Ele ou Ela já nos ensinou. Nós, seres humanos, temos que criar a história, a ciência, a tecnologia e a política da educação.

Eu não vim aqui para transferir conhecimento, mas para desafiá-lo. Por exemplo, você não se sentiu cansado ao tentar seguir o movimento dos meus pensamentos? Eu acho que você deve ter se cansado. Se você não se sentiu cansado é porque você não me seguiu, porque uma coisa que eu tento fazer toda vez que eu ensino, toda vez que eu falo, é desafiar as pessoas, ao tentar trazê-las para dentro da intimidade dos meus pensamentos. E elas devem se sentir cansadas tanto quanto eu me sinto cansado. E isto não é porque eu estou falando inglês, que não é minha primeira língua. Claro, eu tenho muito mais liberdade de pensar e de falar em português, no brasileiro, muito mais possibilidades de me expressar na minha própria língua. Mas eu também me sinto cansado porque quando eu falo, eu penso. E eu não penso somente naquilo que eu tenho que dizer, mas também naquilo que eu estou dizendo, porque eu estabeleço uma relação contraditória entre o meu discurso e os meus pensamentos. Para mim este processo, e a relação estabelecida desta maneira, são diferentes do método bancário da educação, que eu critico muito. Você pode considerar que eu fiz uma fala bancária, mas eu sugiro que você retorne aos meus textos e pense na experiência desta noite e talvez você veja que esta não é realmente uma experiência do tipo bancária. Esta é uma experiência de comunicação. Claro, educadores bancários, assim como eu faço, também comunicam. Mas a minha postura, a minha posição *vis-à-vis* às pessoas que estão aqui me ouvindo, caracteriza-se por um grande respeito por todos e todas vocês.

PARTICIPANTE: — Quando o senhor falou sobre *sonhos*, o senhor mencionou a possibilidade da existência de muitos jovens que talvez não tenham mais sonhos, que não têm sido encorajados a sonhar. Quando eu penso nisto, me vem à mente que muitos adultos podem também pensar que as coisas já estão decididas, já formatadas. Eles podem pensar sobre a existência como um pacote acabado, fechado. O que os educadores podem fazer quando os sonhos tenham sido assim sufocados?

PAULO FREIRE: — Esta possível falta de perspectiva, quando nós, seres humanos, aparentemente perdemos todas as razões para ter *sonhos*, não é apenas uma experiência dramática, ela é trágica. Este é um dos meus maiores medos, que a humanidade caia neste tipo de fatalismo pós-moderno. Por exemplo, eu posso falar com um economista muito bom e ele me dizer: "Paulo, do ponto de vista da economia a realidade é esta. A globalização da economia, a ênfase na tecnologia, são de tal forma que nós temos que criar o desemprego." Nós temos hoje milhões de pessoas sem emprego. Por outro lado, nós estamos testemunhando o nascimento de um outro tipo de análise, falando num mundo sem empregos, em um mundo apenas com lazer. Mas como é possível falar sobre um mundo de lazer no Brasil, por exemplo, se considerarmos que para se ter lazer, tem-se que ter, primeiro, um emprego?

Então, eu digo para os meus amigos no Brasil, "Isto é um absurdo, isso é imoral, que a gente termine o século XX com alguns milhões de pessoas em estado de miséria". E alguns intelectuais pós-modernos continuam me dizendo: "Mas, Paulo, o que nós podemos fazer, esta é a realidade, a realidade é a de uma ausência de sonhos".

Mas eu vou morrer lutando contra isto. Se todos os cientistas do mundo tentarem me provar que esta é a realidade, eu vou ser o último homem no mundo clamando que esta não é a única realidade possível! Não! Pode haver uma outra realidade! A realidade não tem que ser necessariamente como esta por causa da maneira de pensar de alguns, por causa dos interesses de alguns poderosos. A realidade pode ser transformada e deve ser transformada.

O fato é que meus sonhos permanecem vivos, a força dos meus sonhos me leva a dizer a vocês mais uma vez: por favor, não desistam. Não permitam que esta nova ideologia do fatalismo mate a sua necessidade de *sonhar*. Sem sonhos não há vida, sem sonhos não há seres humanos, sem sonhos não há *existência humana*.

5. Algumas palavras ou considerações em torno da Conferência de Paulo Freire.
Nita Freire

Quando decidimos fazer este livro, eu e Walter de Oliveira, acertamos que seria importante que cada um de nós dois comentássemos os dois encontros de Paulo acontecidos em Cedar Falls, Iowa. Que disséssemos alguma coisa sobre o que Paulo tinha dito naqueles memoráveis dias no centro dos Estados Unidos, não tão longe de sua partida de nosso convívio, nos quais nós dois estávamos presentes e participantes. Estas minhas reflexões, portanto, foram feitas motivadas por este nosso acordo — embora ele tenha se dado o direito, legítimo, aliás, de criar uma autonomia maior do que eu com relação ao trabalho de Paulo.

Assim, partindo do sentir, do relembrar e da leitura das palavras transcritas para o papel de meu marido, provocada pelas lúcidas palavras dele naquele momento, que traduziam, como sempre, a concretude do que ele sentia, praticava, pensava e falava, vou dizer a minha palavra.

Na verdade, pretendo chamar a atenção dos leitores e leitoras de Paulo para algumas coisas dessa sua primeira conferência feita em Northern Iowa University, enfatizando alguns de seus pensamentos e acrescentando informações importantes da postura ético-pedagógica dele. Enfim, fazendo uma análise amorosa e crítica de seu discurso.

Antes, porém, quero justificar a minha escolha para o título deste livro, *Pedagogia da solidariedade*. Esta opção se deve não somente a Paulo ter falado, contundentemente, sobre esta virtude necessária à construção de uma sociedade democrática nos trabalhos que compõem esta publicação, não só neste sobre o qual faço minhas considerações, mas, sobretudo para enfatizar sua própria prática de solidariedade, vivida intensamente na sua mais autêntica acepção.

Da sua formação católica cristã Paulo trouxe algumas influências para a sua literatura educacional, entre outras, as virtudes teologais. Entretanto, devo alertar, estas virtudes foram superadas em categorias ético-político-pedagógicas na sua *compreensão de educação*. Podemos facilmente constatar a *Fé*, relida por ele na crença nos homens e nas mulheres; a *Esperança,* que embora tenha permanecido com a mesma palavra, ganhou nele nova acepção diante da sua percepção da incompletude humana e da capacidade de *sonhar* com a utopia no sentido de viabilizarmos o *Ser Mais*, para concretizarmos a verdadeira *existência humana;* e a *Caridade,* que se transmutou em solidariedade. Solidariedade para *com* o mundo, para *com* a sustentabilidade do Planeta Terra, porque esta implica na mais profunda solidariedade para *com* todos os homens e todas mulheres do mundo.

Minha primeira consideração é alertar aos leitores e leitoras deste livro de que Paulo não se repete ao falar de seus temas preferidos, mesmo os mais recorrentes. Fala com enfoques diferentes sobre a problemática que o perturbava no momento de seus discursos, ou em que era por seus pares instigado a falar. Suas palavras, mesmo que elas nos soem conhecidas, falam de maneira diferente sobre o que ele já tinha dito e escrito, pois "copiar-se", isso ele nunca fez diante de sua incrível capacidade de criar e recriar. Exuberante no seu imaginário, afirmo também que Paulo jamais aproveitou o que outros e outras tivessem dito ou escrito sem os citar. Entretanto, por ter sido tão criativo — um vulcão como emblematicamente Claudius Ceccon desenhava a sua cabeça[10] — Paulo citou talvez menos que os academicistas "cuidadosos" exigem dos autores ou autoras.

A exuberância criativa de Paulo se deve à sua ausência de preconceitos, à sua abertura ao mundo e ao novo, ao seu humor e inconformismo, ao seu gosto pela rebeldia e negação da acomodação, e por suas atitudes de indignação, persistência e dedicação responsáveis. Enfim, por sua autoconfiança e vontade de mudar o mundo, qualidades e virtudes que se juntavam à sua curiosidade epistemológica nos momentos em que fazia as leituras as mais diversas.[11] Os seus críticos mais ferrenhos nunca entenderam de onde

---

10. Vejam a "guarda" de Claudius Ceccon do livro de minha autoria *Paulo Freire: uma história de vida*. Indaiatuba. Villa das Letras, 2006. Contemplado com o Prêmio Jabuti, 2006, 2° lugar na categoria "Biografia". NF.
11. Confira o enorme rol das citações de Paulo em sua obra, que contrariam esta versão, no livro supracitado, Capítulo 14, p. 353 a 364. NF.

jorravam tantas ideias. Por isso muitos ainda o acusam, injustamente, de não ter dito de onde teria ido buscar as suas ideias, quais autores ou autoras seriam as suas fontes de busca. Ele as buscava nas leituras de outros e outras, mas, fundamentalmente, na sua perspicaz capacidade de encontrar verdades nas suas intuições, no senso comum, nas suas experiências cotidianas e nas observações das coisas óbvias sobre as quais incidia o *pensar certo*. O pensar crítico.

As palavras de Paulo nos soam conhecidas porque, como sempre, ele insiste nos temas fundamentais de sua teoria pedagógica — crítica, ética, política, libertadora —, os quais ele acreditava ser absolutamente necessários de serem ditos e reditos. Problematizava os temas-problemas, que levantava continuadamente de formas diversas ou semelhantes para buscar dar concretude aos *inéditos viáveis*,[12] aos *percebidos destacados* por sua lucidez, argúcia e perspicácia. "Redizer" tinha para Paulo, portanto, o significado e a intenção de enfatizar suas ideias porque ele enfocava o objeto a ser desvelado, conhecido, pelos mais diversos ângulos que julgasse dever ser analisado ou possíveis a ele de ser abordado com rigor nos diferentes momentos históricos e lugares culturais.[13]

---

12. Sobre essa categoria de Paulo Freire, tão rica quando pouco explorada, leiam minhas contribuições em: Paulo Freire, *Pedagogia da esperança: um reencontro com a Pedagogia do oprimido*, Prefácio de Leonardo Boff, 12ª edição. Rio de Janeiro: Paz e Terra, 2005, nota nº I, p. 205 a 207; e "Utopia e democracia: os *inéditos-viáveis* na educação cidadã", in José Clovis de Azevedo e outros (org.), *Utopia e democracia na educação cidadã*. Porto Alegre: Ed. Universidade/UFRGS/Secretaria Municipal de Educação, 2000. NF.

13. Confiram a este respeito: Ana Maria Araújo Freire, *Paulo Freire: uma história de vida*. Indaiatuba: Villa das Letras, 2006, Capítulo 14: "A sua compreensão do ato de ler/escrever e o modo como escrevia", p. 365 a 373. NF.

Chamo a atenção também dos leitores e leitoras de Paulo para o fato de que ele não repetiu nesta Conferência os caminhos de cognoscibilidade, de como abordar os temas, da forma como habitualmente fazia. Tratou-os de forma inovadora, acrescentando sempre algo a mais, com uma enorme preocupação ético-estética, cada vez que o fazia. Não repete mecanicamente as suas respostas aos desafios que o fizeram. Trata cada uma delas pelo mesmo caminho dos que fizeram a pergunta, subjetivamente, sem descuidar-se, todavia, da objetividade que os temas demandavam, e sobre os quais estava incidindo as suas reflexões. Exige dele mesmo, intencionalmente, tanto o rigor científico quanto o enfoque ético-sociopolítico, centro de suas preocupações pedagógicas e estéticas. Não repete temas para encher o tempo em devaneios sem diretividade, ia direto às questões que o ou nos atormentavam enquanto seres *com* o mundo, redesvelando-os por vários e diferentes ângulos.

Enfim, Paulo escolheu — como sempre o fez desde muito jovem, e, mais ainda, no momento em que falou este texto, quando vivia plenamente a sabedoria da maturidade intelectual e pessoal — a vereda frondosa e fértil da politicidade, da dialogicidade e da amorosidade. Da poeticidade elaborada com rigor estético buscando a libertação de todos e de todas. Da *ética da vida,* que tão radicalmente esteve ele mesmo *encharcado,* verdadeira energia que emana de seu humanismo autêntico, da crença de que o bem supremo da *existência humana* é a VIDA mesma. A vida com dignidade. A vida constituindo-se e ao mesmo tempo construída na democracia.

Desde o início, na manhã desse dia 24 de março de 1996, Paulo colocou-se com a sua simplicidade e humildade habituais frente às palavras altamente elogiosas, tanto as do Reitor norte-americano Bob Koob quanto às do Professor brasileiro Walter de Oliveira. Manteve-se sereno e à vontade frente a um auditório repleto de estudantes e educadores e educadoras, alguns e algumas bastante contestadores diante de sua maneira dialética de compor as suas ideias ou mesmo por suas ideias progressistas.

Creio, que neste texto de Paulo, muito mais do que em outros, ele expõe sua vivência dialética, de perguntar-se e nos perguntar, continuadamente; de não se despregar de suas próprias experiências, demonstrando a sua coerência entre o que observava, vivia, sentia, sistematizava, escrevia e falava. Sendo autenticamente progressista.

Começou-a declarando com humildade: "Em circunstâncias como esta eu sempre me pergunto sobre o que eu vou falar". Entrou pelo espaço gerador das coisas, o da curiosidade epistemológica, perguntando-se, perguntando aos que o ouviam, com atenção e respeito, estabelecendo o diálogo. Rigorosamente dialético — Paulo era assim, mesmo como pessoa — fez a relação entre a natureza do ser humano e a História. História que nos produziu e que a produzimos, afirmando "(...) como seres históricos nós estamos permanentemente engajados na criação e na recriação de nossa própria natureza".

Assim, sem esquecer os fatores "história" e "cultura", Paulo entra na questão da experiência, tão negada pelos academicistas como coisa pouco confiável à luz da rigorosidade científica. Paulo teve sempre um enorme cuidado, e nos alertou sobre isso, de não invadir a cultura de outros povos, pois considerava isso um desrespeito inaceitável, um erro político e filosófico, além de um equívoco cultural. Tinha claro em sua consciência crítica que as experiências educativas ou quaisquer outras não se transferem ou trasladam ou se repetem.[14] Fazer isso é negar a historicidade e a cultura do outro, do diferente. Daí ter sempre se negado a refazer, a repetir as dinâmicas e as táticas da educação praticadas antes do Golpe de Estado de 1964 nos movimentos de cultura popular — Movimento de Cultura Popular (MCP) e outros — ou no Programa Nacional de Alfabetização (PNA), nos quais teve mais do que simples participação. Teve responsabilidade e empenho político-pedagógico. Com essa convicção afirmou nesta conferência: "(...) a educação se desenvolve na História, nasce na História e se transforma historicamente, assim como nós nos construímos historicamente e não apenas geneticamente."

Por isso Paulo nunca teve pretensão de exportar suas experiências, praticadas no Brasil nos anos 60 do século XX, para nenhuma parte do mundo, nem de repeti-las depois de seu retorno ao seu próprio país.

Considero importante chamar a atenção para as metáforas bem ao gosto de Paulo, usadas nesta Conferência:

---

14. Vejam sobre este assunto o livro de Paulo Freire com Sérgio Guimarães, *A África ensinando a gente: Angola, Guiné-Bissau, São Tomé e Príncipe*. São Paulo: Editora Paz e Terra, 2003. NF.

molhado e *encharcado*, os quais me apropriei neste trabalho para reforçar, com ele, os meus ditos sobre os seus ditos. Afirma sem timidez: "As pessoas responsáveis pela educação deveriam estar inteiramente *molhadas* pelas águas culturais do momento e do espaço onde atuam".

Colocou de forma inusual, com beleza surpreendente, a questão da inconclusão humana que tanto valorizava, em si próprio e nas outras pessoas, diante da possibilidade aberta por esta incompletude, de termos esperança e lutarmos pela utopia. De nos fazermos, em processo permanente, *Seres Mais*: "Para que nós, seres humanos, sejamos o que somos, nós necessitamos nos tornar, *vir a ser* aquilo que somos. Nós não precisamos ser — se nós simplesmente somos, nós paramos de ser. Nós somos precisamente porque nós estamos nos tornando."

Esta compreensão da inconclusão, em Paulo, extrapola o simples "não está pronto dos seres humanos" e lhe dá a dimensão de que a consciência dela mesma possibilita a maravilhosa "aventura", que é a educação de todos e todas nós seres humanos.

"Aventura" no sentido metafórico de busca do conhecimento ainda desconhecido, do que pode ser e ainda não é; do que já é, mas pode ser diferente, do que pode ser melhorado, aprofundado. "Aventura" entendida como o momento da curiosidade espontânea que vai se fazendo epistemológica, da educação criadora, da ousadia libertadora, da formação da cidadania e da autonomia. Do espanto e do maravilhar-se. Assim, dos atos criadores *banhados* nos sonhos possíveis — e nos que façamos possíveis amanhã pela luta de hoje — dos *inéditos viáveis*, dos *quefazeres* com responsabilidade ética, pedagógica e política; com respeito às culturas, às subjetividades e à objetividade filosófica, científica ou religiosa. "Aventura" no campo do saber do que precisa ser desvelado, apreendido, aprendido. Vivido, comunicado; nunca estendido ou imposto.

Fez, com sutileza, a diferença entre *possibilidade* e *realidade:* "Uma característica dos seres humanos é a possibilidade de arriscar-se e uma das coisas mais bonitas é correr risco". Esse correr risco e arriscar-se como *boniteza* está implícita na "aventura" de saber e de viver com responsabilidade.

Na "aventura" que Paulo nos propõe não cabem, portanto, o espontaneísmo, a irresponsabilidade, as prescrições, o bancarismo, o elitismo, a discriminação, a opressão e a exclusão. O "faz de conta" próprio dos irresponsáveis. Nem o mundo virtual e malvado criado a partir do desenvolvimento tecnológico a serviço do neoliberalismo e da globalização. Cabe, sim, a *aventura humanista* que nos dá a alegria e o gosto de conhecer, de saber e de viver para a todos e todas servir e não como uma apropriação individual para servir apenas ao diletantismo e ao egoísmo doentio dos donos do mundo. "Aventura" com decência, com dignidade e respeito. Com tolerância, amorosidade e rigorosidade. "Aventura" que nos possibilita nutrir nossa utopia, nossos sonhos de dias melhores e mais democráticos.

Acreditando e testemunhando em processo permanente de renovação e de criação, Paulo nunca pediu a ninguém que fosse seu discípulo, que o seguisse. Ao contrário, sempre pediu que o superasse, recriando-o, recriando-o sempre. Quem diz que o segue e o repete é menos freireano do que tudo! "Se você me seguir, você me destrói", disse nesta Conferência enfatizando o que sempre dizia com convicção: estar afirmando uma Verdade. O que entendia por Verdade antropológica, ética, histórica, social e política.

Sobre este ponto tenho algo importante a dizer, a alertar aos leitores e leitoras: é comum encontrarmos ideias, trabalhos ou eventos, muitos deles verdadeiras aberrações inconsequentes, sobre os quais seus autores ou autoras afirmam despudorada e categoricamente: "Estou recriando Paulo Freire". Recriar não é distorcer, deformar, pragmatizar deliberada e liberalistamente o criador. Nem tampouco amesquinhar, minimizar e aligeirar os ditos, os escritos e os feitos do outro, neste caso os de Paulo. Na recriação há que se respeitar com responsabilidade ética o que há de absolutamente essencial nos ditos, nos escritos e nos feitos desse alguém que se está "copiando", "repetindo". Há que se respeitar o que é necessário para caracterizar o pensamento ou a atitude de quem se está recriando. Em Paulo os fundamentos de sua *compreensão ético-crítico-política de educação*, a sua teoria de conhecimento humanista e humanizadora, verdadeiramente a favor dos oprimidos e das oprimidas. Sobretudo estar alinhado com a sua gentidade amorosa, generosa e respeitosa.

Numa segunda etapa de seu discurso Paulo nos convida a tentarmos "(...) um exercício de reflexão crítica". Ele, então, colocou no foco de incidência de seu pensar crítico a situação educacional elencando os seus elementos constitutivos. Sobre cada um deles fez um arrazoado de considerações científicas e argumentações epistemológicas, políticas e filosóficas, retomando a cada novo item, sinteticamente, o que já tinha afirmado sobre os outros itens, anteriormente.[15] Nesta Conferência Paulo não fugiu a esse caminho dialeticamente rico, provocativo ao pensar e nem sempre tão fácil de ser entendido por quem não quer se debruçar nas entranhas, penetrar no âmago do seu pensamento dialético, complexo e rigoroso.

Criticou a postura autoritária de alguns educadores(as); expôs a diferença entre educador e educando e comentou a distorção atribuída a ele de que não haveria diferença entre os dois sujeitos do ato de educar, enfatizando que a essência da educação democrática, a "boniteza do processo [educativo], é exatamente esta possibilidade de reaprender, de troca" entre estes dois polos.

Mesmo aceitando que, em parte, afirmações sem consistências, sem criticidade foram feitas a Paulo, ingênua ou maldosamente, considero importante introduzir aqui a questão desta distorção porque se divulgou no Brasil, após o retorno dele do exílio, que na sua frase da *Pedagogia do oprimido* "ninguém educa ninguém, ninguém se educa a si mesmo, os homens [e mulheres] se educam entre si, mediatizados pelo mundo", ele teria negado o papel específico do ato de ensinar do professor(a), o seu saber já apropriado em seus estudos e experiências, deixando assim sem diferença, indiscriminados os papéis do estudante e do(a) professor(a). Esta foi a interpretação, na melhor das hipóteses um enorme equívoco, quanto ao entendimento que fizeram na leitura

---

15. Com uma propriedade muito particular e exemplar, Paulo Freire faz sempre o movimento de ir além e de voltar esclarecendo mais e sintetizando o já dito. Ele fez isto neste texto, como podem observar. Leiam também no livro de minha autoria, *Paulo Freire: uma história de vida*, o item 14, p. 365 a 373, no qual explicito o modo de escrever de meu marido. NF.

de meu marido os "conteudistas", que advogavam ser Paulo um idealista, um sonhador inconsequente.

Nesta Conferência Paulo explicitou a sua busca permanente de coerência quando se pergunta: "O que significa, para mim, ensinar?" Prosseguiu acrescentando a questão da democracia, em última instância o fim último de sua epistemologia política e ética, como parte intrínseca da libertação, da humanização: "Eu estou sendo consistente na minha prática com o que eu penso sobre o ensinar? Porque eu posso pensar democraticamente sobre o ensinar, mas ser autoritário na minha prática de ensino". Não se pode ser um verdadeiro educador, um educador ou educadora progressista se não nos perguntamos sobre nossas posturas, sobre o nosso desempenho, sobre por quem estamos a favor ou contra. Para que estamos educando: para a democracia ou para a preservação das estruturas injustas e perversas?

Sobre a diretividade no processo educativo Paulo nos deu uma explicação não privilegiando o nível político, como mais comumente vinha fazendo, mas sem negar este, acrescentou outra perspectiva: "Diretividade na educação, entendida *filosoficamente* e *epistemologicamente* [grifos meus], quer dizer que a educação, como processo, significa algo que vai além dela mesma (...) Quando digo 'além' isso significa que a educação sempre está relacionada com um sonho e que os professores devem ter seus próprios sonhos, suas próprias utopias." Nos alertou de que diretividade da educação não significa necessariamente autoritarismo. Ao unir "sonhar e lutar por seus sonhos" com o direito do educador ou da educadora de dizer dos seus sonhos exemplifica também, mas de outra maneira, a diretividade do ato educativo.

Nesta Conferência Paulo apontou as contradições próprias da existência humana: exacerbação da autoridade — o autoritarismo — , e a liberdade exagerada — a licenciosidade, com as quais vinha se preocupando, mais e mais nos últimos anos de sua vida, diante dos ditames do neoliberalismo e pela maneira como os pais educam hoje em dia os seus filhos e filhas.[16] Sobre este par contraditório autoridade *versus* liberdade ele afirma com dialeticidade e profundidade: "(...) a autoridade é uma invenção da liberdade. A liberdade inventou a autoridade para a liberdade continuar a existir."

Por isto Paulo não teve medo de afirmar mesmo numa plateia prioritariamente de jovens, de enfatizar a necessidade do exemplo, numa realidade histórica mundial em que o exemplo ficou entendido como mimetismo, estagnação e permanência, "coisas de antigamente", "bobagens dos tempos de papai e mamãe": "(...) a educação demanda exemplos, testemunho."

Denunciou a força da ideologia dando, entre outros exemplos, a questão do interesse, do medo e do risco.

Sempre preocupado em deixar claras as suas afirmações, fez constantemente uso das expressões "em outras palavras", "isto é", demonstrando a sua humildade e desejo profundo de ser entendido. Poetizou, assim, os seus dizeres.

Enfrentou o desafio com coragem, meninamente, não ingenuamente, ao dizer "(...) eu vou morrer lutando contra

---

16. Confiram a 2ª carta em Paulo Freire, *Pedagogia da indignação*. 7ª reimpressão, Editora Unesp, 2000. São Paulo: Paz e Terra, 2014. NF.

isso",[17] isto é, contra o fatalismo pós-moderno ditado pelo pensamento neoliberal e pela globalização da economia. Colocou-se, como sempre e radicalmente, *contra* o puritanismo e o puritano, asseverando com veemência a sua opção *a favor* da eticidade e da pureza.

Permeou todo o seu discurso afirmando que não pode haver dilema ético do educador ou da educadora progressista. Eles e elas se querem estar verdadeiramente ao lado das camadas populares, dos oprimidos e excluídos, têm que ter consciência clara do *a favor de que* e *de quem, do contra que* e *contra quem* exercem a sua docência. Que não há neutralidade na educação. Reafirma, veementemente, a politicidade da educação. Vai além ao afirmar: "A *existência humana* é uma experiência política."

À pergunta de um participante de que ele estaria fazendo a *educação bancária* e a *extensão* depositando o conhecimento sobre os alunos e professores ali presentes — situação "agravada" pela disposição das poltronas do auditório da universidade colocadas umas atrás das outras —, Paulo respondeu tolerante e calmamente: "(...) Eu não vim aqui para transferir conhecimento, mas para desafiá-lo (...) E eu não penso somente naquilo que eu tenho que dizer, mas também naquilo que eu estou dizendo, porque eu estabeleço uma relação contraditória entre o meu discurso e os meus pensamentos. Para mim este processo, e a relação estabelecida desta maneira, são diferentes do método bancário (...)."

---

17. Leiam sobre esta postura radical de Paulo Freire na *Pedagogia do Compromisso: América Latina e Educação Popular*. Indaiatuba: Villa das Letras, 2008. NF.

A este respeito há uma crença generalizada, e obviamente errada, de que para uma aula não ser bancária, segundo os critérios de Paulo, todos e todas deveriam sentar-se formando um círculo, e que só assim se teriam as condições para uma aula ser dialógica, autenticamente libertadora. O olhar no outro(a), a equidistância de cada estudante para seu par vizinho e para o professor quando todos e todas *deveriam* falar, expor seus pontos de vista ou suas dúvidas com tempos iguais para todos[18] por si só não garante se estar numa aula na qual o aprendizado está sendo socializado igualmente. Essas "partes iguais" para todos e todas, esta pretensa, idealista e positivista "mesma oportunidade para todos" não garante de maneira nenhuma a apropriação do saber ou a afetividade distribuída sem discriminação, de não se estar fazendo bancarismo. A questão da disposição geográfica no espaço pedagógico é muito importante, mas por si só não garante uma aula, inexoravelmente voltada para a autonomia e a libertação, como, aliás, argumentou Paulo em sua resposta ao aluno. A autonomia e a libertação, em uma sala de aula democrática, são garantidas pela relação de amorosidade, como Paulo a entendia, entre os presentes na sala de trabalhos e, portanto, no processo como se dá a busca do conhecimento.

Ao dizer isto, preciso explicitar o que significa amorosidade em Paulo. A amorosidade tem as seguintes conotações

---

18. Sobre esta questão o leitor lerá no Posfácio deste livro, de autoria de Donaldo Macedo, sua crítica a esta equivocada interpretação, quando ele aborda com perspicácia esta distorção muito difundida, sobretudo, entre os norte-americanos. NF.

PEDAGOGIA DA SOLIDARIEDADE | 63

na sua teoria educativa: o educador(a) deve criar um clima afetivo e de inquietação em sua sala de aulas que propicie aos estudantes a busca do conhecer com alegria, em *co-laboração* e sem competições entre os estudantes, que estimule a aventura do criar e do recriar com curiosidade epistemológica e rigorosidade científica; o educador(a) necessariamente tem que amar o exercício do ato educativo; e, por fim, eles e elas, educadores(as) têm que gostar do que ensinam, os conteúdos programáticos do curso que estão ministrando.

A amorosidade não significa na teoria de Paulo a obrigação de amarmos igualmente a todos os nossos alunos e alunas, o que seria senão impossível, hipócrita, mas a respeitá-los e deles cuidar com equidade.

Paulo demonstra durante esta Conferência tanto quanto demonstrou durante os anos em que viveu a ousadia, a tolerância e a coragem de aceitar as diferenças, o direito de discutir a diferença, mas dentro dos limites do respeito a elas e a quem as pratica. "(...) é fantástico que a gente confunda os estudantes", quando estes têm orientações diferentes de diferentes posturas e leituras de mundo dos professores(as). "Vocês têm todo o direito de rejeitar o meu conhecimento e minha sabedoria, de criticar o meu pensamento. Mas, vocês têm a obrigação de me respeitar e eu não aceito ser desrespeitado."

Gostaria de estar fustigando os leitores e leitoras no sentido de que aprofundem sua primeira leitura numa nova leitura, para que possam desfrutar e entender melhor o que Paulo, com sutileza, clareza e propriedade, nos propõe ensinar, nos estimula a pensar. Que não fiquem, pois, na primeira leitura que já fizeram, quer deste primeiro texto, quer no que se sucederá a este meu. Que voltem aos textos de Paulo, insisto, outras vezes. Que se entreguem, novamente, às suas palavras! Este é um dos melhores exercícios para se apreender e se aprender o novo, o mais profundo, o mais difícil.

Ao terminar este meu texto quero ainda chamar a atenção para o testemunho da força e da energia que Paulo depositou em suas práxis e em suas obras, nesta Conferência claramente perceptível, para nos possibilitar os meios para lutarmos contra o fatalismo e para que acreditássemos no *sonho*, de que "mudar é difícil mas é possível". Assim, no dia em que a democracia possa não ser mais uma utopia, um *inédito viável* a ser construído, mas a realidade mesma, com homens e mulheres humanizados e humanizadores.

"Não permitam que esta nova ideologia do fatalismo mate a sua necessidade de sonhar. Sem sonhos não há vida, sem sonhos não há seres humanos, sem sonhos não há *existência humana*."

Referências

FREIRE, Ana Maria Araújo. *Analfabetismo no Brasil: da ideologia da interdição do corpo à ideologia nacionalista, ou de como deixar sem ler e escrever desde as Catarinas (Paraguaçu), Filipas, Madalenas, Anas, Genebras, Apolônias e Gracias até os Severinos*. São Paulo: INEP-Cortez, 1989; 2ª edição revista e ampliada, 1993; 2ª reimpressão, São Paulo: Cortez, 1995; 3ª edição, São Paulo: Cortez, 2001.

Centenário de nascimento: Aluízio Pessoa de Araújo. Olinda: Edições Novo Estilo, 1997.

Nita e Paulo: crônicas de amor. Prefácio de Marta Suplicy. São Paulo: Olho D'Água, 1998.

Chronicles of love: my life with Paulo Freire. Prefácio de Marta Suplicy, Introdução de Donaldo Macedo. Nova York; Washington, DC; Baltimore; Bern; Frankfurt am Main; Berlin; Brussel; Vienna; Oxford: Lang, 2001.

A pedagogia da libertação em Paulo Freire (org.). Série Paulo Freire. São Paulo: Editora Unesp, 2001.

Presència de Freire: ètica, pedagogia i política. Biblioteca Paulo Freire. Valencia: Crec/Deputación de Valencia/Denes Editorial, 2003.

Paulo Freire: uma história de vida. Prefácio de Alípio Casali e Vera Barreto. Indaiatuba: Editora Villa das Letras, 2006. Prêmio Jabuti 2006, categoria "Biografia", 2º lugar.

Nós dois, Nita Freire e Paulo Freire. Prefácio de Marta Suplicy. Posfácio de Mario Sergio Cortela e Epílogo de Alípio Casali. São Paulo: Paz e Terra, 2013.

FREIRE, Paulo. *Educação como prática da liberdade*. Introdução de Francisco Weffort. Rio de Janeiro: Paz e Terra, 1967.

Pedagogia do oprimido. Prefácio de Ernani Maria Fiori. Rio de Janeiro: Paz e Terra, 1974.

Extensão ou comunicação? Prefácio de Jacques Chanchol. Tradução de Rosisca Darcy de Oliveira. Rio de Janeiro: Paz e Terra, 1971.

Ação cultural para a liberdade e outros escritos. Rio de Janeiro: Paz e Terra, 1976.

Cartas a Guiné-Bissau: registros de uma experiência em processo. Rio de Janeiro: Paz e Terra, 1977.

Educação e mudança. Prefácio de Moacir Gadotti. Tradução de Moacir Gadotti e Lílian Lopes Martin. Rio de Janeiro: Paz e Terra, 1979.

Conscientização: teoria e prática da libertação. Uma introdução ao pensamento de Paulo Freire. Apresentação de Cecílio de Lora, SM. Prólogo da Equipe INODEP. São Paulo: Moraes, 1980.

A importância do ato de ler em três artigos que se completam. Prefácio de Antonio Joaquim Severino. São Paulo: Cortez/ Autores Associados, 1982.

Pedagogia da esperança: um reencontro com a Pedagogia do oprimido. Notas de Ana Maria Araújo Freire. São Paulo: Paz e Terra, 1992; 12ª ed. com Prefácio de Leonardo Boff, São Paulo: Paz e Terra, 2005.

Política e educação. 8ª edição revista e ampliada. Coleção Dizer a Palavra. Prefácio de Venício A. de Lima, Quarta Capa de Ana Maria Araújo Freire. Indaiatuba: Villa das Letras, 2007.

Professora sim, tia não: cartas a quem ousa ensinar. São Paulo: Olho D'Água, 1993.

Cartas a Cristina. Prefácio de Adriano S. Nogueira, Notas de Ana Maria Araújo Freire. São Paulo: Paz e Terra, 1994.

Cartas a Cristina: reflexões sobre minha vida e minha práxis. Prefácio de Adriano S. Nogueira, Direção, organização e notas de Ana Maria Araújo Freire. 2ª ed. Série Paulo Freire. São Paulo: Editora Unesp, 2003.

À sombra desta mangueira. Prefácio de Ladislau Dowbor, Notas de Ana Maria Araújo Freire. São Paulo: Olho D'Água, 1995.

Pedagogia da autonomia — saberes necessários à prática educativa. Coleção Leitura. Prefácio de Edna Castro de Oliveira. São Paulo: Paz e Terra, 1996; 29ª ed. Orelha de Ana Maria Araújo Freire e Quarta Capa de Frei Betto. São Paulo: Paz e Terra, 2004; 36ª ed. "Edição especial de 1 milhão de exemplares", 2007.

Pedagogia da indignação: cartas pedagógicas e outros escritos. Apresentação e organização de Ana Maria Araújo Freire. Carta-Prefácio de Balduíno A. Andreola. São Paulo: Editora Unesp, 2000.

Pedagogia dos sonhos possíveis. Organização, apresentação e notas de Ana Maria Araújo Freire, Prefácio de Ana Lúcia Souza de Freitas, Posfácio de Olgair Gomes Garcia, Orelha de Carlos Nunez Hurtado. Série Paulo Freire. São Paulo: Editora Unesp, 2001.

Educação e atualidade brasileira. Organização e contextualização de José Eustáquio Romão; Prefácios dos Fundadores do Instituto Paulo Freire. São Paulo: Editora Cortez/IPF, 2001.

Pedagogia da tolerância. Organização, apresentação e notas de Ana Maria Araújo Freire, Prefácios de Lisete R. G. Arelaro, Orelha de Luiz Oswaldo Sant'Iago Moreira de Souza. Série Paulo Freire. São Paulo: Editora Unesp, 2005. Prêmio Jabuti, 2006, categoria "Educação, psicologia e psicanálise", 2ª lugar, concedido a Ana Maria Araújo Freire e Paulo Freire.

Pedagogia do compromisso: América Latina e Educação Popular. Organização, apresentação e notas de Ana Maria Araújo Freire. Tradução de Lílian Conteira e Miriam Xavier de Oliveira. Indaiatuba: Villa das Letras, 2008.

Parte II[19]

6. Solidariedade e esperança como sonhos políticos.
Paulo Freire, Walter Ferreira de Oliveira e participantes

Walter de Oliveira: — A ideia deste seminário é, aproveitando a presença do Prof. Paulo Freire, explorar alguns temas, propostos por um grupo formado por profissionais de várias disciplinas e de várias partes dos Estados Unidos e Inglaterra e que já vêm, há algum tempo, trabalhando juntos. Numa perspectiva dialógica, temos nos estimulado a participar, examinar, clarificar alguns temas e hoje esperamos talvez proporcionar algumas respostas às questões formuladas. Foram propostos basicamente três temas de discussão, embora não pretendamos nos prender exclusivamente a estes temas, pois entendemos que a abordagem dialógica pode nos levar por caminhos diferentes. Os três temas propostos são:

a) A educação das pessoas no contexto de comunidades educadoras;
b) A juventude e o futuro;
c) A espiritualidade e as vocações.

---

19. Na Parte II constam os trabalhos do dia 25 de março de 1996. NF.

PAULO FREIRE: — Os temas propostos e as perguntas, algumas delas que já foram elaboradas por este grupo de trabalho, constituem, por si só, um texto. Eu achei fantástico, uma excelente proposta para discussão de todos os temas que nós listamos. Seria muito otimista pensar que nós podemos exaurir a discussão. Seria útil tentar explorar algumas ideias relativas aos problemas apresentados de uma forma que pudéssemos nos ajudar mutuamente; a outros caberia aprofundar estas questões e outras relacionadas a elas. Eu possivelmente nunca tive uma experiência como esta... estou achando isso uma coisa muito boa!

WALTER DE OLIVEIRA: — Os três temas, a meu ver, estão interconectados e não separados uns dos outros. Por outro lado, nós podemos examinar cada um separadamente para poder focar melhor a discussão. Para cada um dos três temas, o grupo preparou um conjunto de questões. Para o primeiro tema, a primeira questão se refere à qualidade da educação e foi assim formulada: Que qualidade ou qualidades o senhor considera mais importante para a educação das pessoas no século XXI? Parte do que nós queremos abordar aqui é como nós pensamos a educação e como nós pensamos e agimos em relação às principais finalidades e objetivos a que a educação serve.

PAULO FREIRE: — Ao me ser feita esta questão eu tenho algumas reações, algumas respostas. Eu vou dizer a vocês como eu sinto a questão, como eu reajo à questão; mas eu estou convencido de que isto não constitui a resposta. Porque eu acredito na totalidade, no conjunto das respostas, na possibilidade de diferentes respostas.

Em primeiro lugar, não é fácil para mim pensar sobre as questões que se relacionam com um amanhã que não está muito próximo de mim. Quer dizer, eu prefiro pensar nestas questões em termos de hoje, porque quanto mais eu penso no hoje mais eu me situo, mais se torna possível eu ver o amanhã. Nós podemos imaginar algumas qualidades, alguns desafios que já estão diante de nós. Algumas das qualidades do último e do próximo século já foram experimentadas séculos atrás. Independentemente do ano em que estivermos, de certa maneira nós já estamos vivendo no próximo século.

Vamos pensar, por exemplo, na velocidade com que a tecnologia estabelece ou cria mudanças. Há dois ou três séculos as mudanças aconteciam com espaços de um século. Nós podíamos viver mais ou menos do mesmo jeito por um século, sem muitas mudanças no nosso estilo de vida. Hoje a tecnologia muda nossas vidas diariamente e propõe novos hábitos, novas soluções. No terreno dos computadores e das comunicações, o que vem sendo feito nos últimos anos é incrível.

Com uma economia globalizada, as revoluções ou mudanças tecnológicas têm sido feitas de maneira que afetam profundamente o processo de educação. Como a velocidade das mudanças tecnológicas promove constantemente alterações nos modos de viver, eu estou certo de que uma das qualidades com que nós temos que nos preocupar em Educação é a de adquirir ou criar a habilidade de responder a diferentes desafios com a mesma velocidade com que as coisas mudam. Esta é uma demanda fundamental da educação contemporânea. E para responder a esta demanda da educação contemporânea nós precisamos *formar*, e não *treinar*.

Há uma diferença radical entre *treinar* e *formar*. Não é somente uma questão semântica. *Formar* é algo mais profundo que simplesmente *treinar*. *Formar* é uma necessidade precisamente para transformar a consciência que temos, aumentar sua curiosidade intuitiva, que nos caracteriza como seres humanos. Onde há vida, há curiosidade — inclusive entre as árvores e os outros animais. Mas, no nosso caso, a curiosidade vai a outros níveis. Do ponto de vista da educação, uma das questões mais sérias com respeito ao presente imediato e ao amanhã é como *formar pessoas* de maneira que elas não se percam em meio às mudanças que a tecnologia vai criando.

WALTER DE OLIVEIRA: — A tecnologia, assim como as demandas impostas aos estudantes, num contexto que prioriza *treinamento* e não *formação*, pode interferir seriamente na promoção de qualidades como o aperfeiçoamento da habilidade crítica. O sistema atual enfatiza, por exemplo, quantidade em vez de qualidade. Os estudantes podem ser estimulados a assimilar uma quantidade enorme de informação em um certo período de tempo, ao invés de serem estimulados a examinar com profundidade certos assuntos, quando a profundidade poderia ajudá-los a desenvolver suas habilidades críticas. Da mesma forma, discussões em classe e mesmo em ambientes profissionais são minimizadas porque parece que nunca há tempo para discutir certos assuntos em profundidade. Os estudantes estão sempre correndo para dar conta das demandas apresentadas pelos educadores.

PAULO FREIRE: — E então eu pergunto, nós podemos pensar numa educação ou num processo educativo no qual os educadores não obrigam os estudantes a lerem trezentos livros num semestre, mas ao invés, ler muito bem um livro, a ponto de que o estudante se sinta capaz de reescrever o livro que ele leu? É possível educar enquanto se força o estudante a ler trezentos livros em um semestre? O resultado deste tipo de processo educativo é que os estudantes vivem sob tensão, o que prejudica sua habilidade de aprender. Esta tensão é tão grande que alguns estudantes chegam a cometer suicídio. Este fenômeno acontece no mundo inteiro. É possível, através da prática de uma educação em que os estudantes são treinados, em vez de formados, alcançar o conhecimento, produzir um novo conhecimento? Como podem os educadores ajudar a criar oportunidades para os estudantes poderem responder melhor aos desafios apresentados pela tecnologia? No caso particular da América Latina, outras questões têm que ser colocadas à nossa Educação. É possível, por exemplo, esperar bons resultados de uma educação centrada no quadro-negro?

Do meu ponto de vista, a Educação tem a responsabilidade de criar consciências críticas, e esta responsabilidade se manifesta quando o educador estimula ao mesmo tempo a curiosidade do estudante e a sua criatividade. Como pode uma pessoa ter uma consciência crítica se não estiver hábil a criar e a recriar?

Para mim não há evolução sem um desejo poderoso, uma vontade de fazer coisas novas. E eu pergunto mais uma vez: está a Educação, no mundo inteiro, gerando experiências de criatividade ou impondo a experiência da repetição? O que significa, por exemplo, cometer erros? Se tomarmos a perspectiva de uma educação que se responsabiliza por estimular, no dia a dia, a curiosidade e a criatividade, nós temos que respeitar os erros. Desta perspectiva educacional o erro não é um pecado, mas uma parte integrante, um momento importante no processo de aprendizado; ou, para ser mais preciso, no processo de criação do conhecimento.

Na perspectiva de uma educação que promove a criação do conhecimento, eu não posso ter medo de cometer um erro porque eu cometo um erro na medida em que erros são consequências de riscos e arriscar é uma parte absolutamente necessária no processo de enfrentar os desafios da sociedade tecnológica. Portanto, outra qualidade importante para o educador do século XXI é a compreensão de que se deve encorajar o risco e uma consequência inevitável do correr risco é cometer erros. O educador deve, portanto, preparar-se para trabalhar com o risco e lidar com erros de uma forma positiva, encorajadora e desafiadora.

Quando eu fui Secretário de Educação da Cidade de São Paulo [1° de janeiro de 1989 a 21 de maio de 1991] eu trouxe à tona as questões do risco e dos erros nas minhas discussões com os educadores. Eu costumava pedir aos professores do primeiro grau, "por favor, não sublinhem em vermelho os erros gramaticais dos estudantes porque quanto mais vocês fazem isso mais vocês os inibem, mais vocês semeiam o medo. Em vez de semear o medo, falem com o estudante e expliquem como superar o obstáculo. Fale com todos os estudantes sobre isso." O educador deve buscar formas de praticar esta promoção da criatividade, e este é apenas um exemplo. Nós temos que recriar, constantemente, nossa práxis como educadores, desafiando os estudantes a estarem alerta e não adormecidos, ou seja, a ter voz e não apenas ouvir a voz dos professores. A desenvolverem sua autonomia, a serem eles mesmos e não o reflexo de seus professores ou de suas professoras.

Participante: — O senhor pensa que esta forma de educação é de interesse do Estado, quando pensamos no Estado como um aparelho de controle e de reprodução social? Eu não penso que os professores fazem o que fazem apenas porque não sabem fazer melhor. Eu penso que os professores são compelidos a fazer o que eles fazem porque é de interesse do Estado, que é controlado por políticos.

Paulo Freire: — Sua questão é um bom exemplo para demonstrar que a Educação não tem como ser neutra. Há uma dimensão na matriz da prática educativa que eu chamo de "politicidade". Politicidade é nada a mais, nada a menos do que a qualidade de ser político. Quando eu falo da politicidade da Educação eu não estou me referindo a partidos políticos. No caso dos Estados Unidos, aos republicanos ou aos democratas. Os partidos, claro, têm o direito e o dever de ter suas concepções de Educação. As plataformas políticas dos partidos políticos deveriam refletir seus entendimentos da Educação. Nos Estados Unidos eu não sei se isto é possível porque, do meu ponto de vista, os partidos vêm sendo iguais. Mas este não é o caso do Brasil, onde a concepção de Educação é muito diferente nos diferentes partidos. Mas quando eu falo de politicidade da Educação não estou falando de política partidária, apesar de reconhecer o direito dos partidos a suas concepções de Educação e a lutar por colocar estas concepções em prática.

Entre outras coisas, esta questão tem a ver com a decisão política de um governo de trabalhar na perspectiva de uma Educação democrática. É uma decisão eminentemente política. Vou me referir novamente a quando eu era Secretário de Educação em São Paulo, quando eu lutei por uma Educação menos elitizada. A Educação no Brasil é profundamente elitizada. Meu objetivo, considerando o pouco tempo como secretário, não era acabar com a elitização, porque não haveria tempo para isso, mas lutar pela diminuição desta elitização. Esta foi uma decisão política. Em segundo lugar, eu lutei para diminuir o utilitarismo da Educação no Brasil. Eu lutei para aperfeiçoar a experiência democrática da Educação e também lutei para formar os professores. Por causa disso eu estabeleci alguns programas em colaboração com a Universidade de São Paulo (USP), a Universidade Estadual de Campinas (UNICAMP) e a Pontifícia Universidade Católica de São Paulo (PUC/SP). Eles ofereceram cerca de 60 excelentes professores de vários ramos diferentes da Filosofia, Linguística, Ciências Exatas e Políticas e Sexologia. Nós desenvolvemos programas de formação e trabalhamos com cerca de 35.000 professores e professoras responsáveis pela alfabetização das crianças e pela educação fundamental de pré-adolescentes e de adolescentes.

Sem este tipo de decisão política e sem investir na *formação*, e não meramente no *treinamento* dos educadores, é muito difícil concretizar uma Educação que promova o pensamento crítico, que prepare estudantes e educadores para responder aos desafios impostos pelas mudanças nos estilos de vida.

No caso do Brasil há ainda um outro fator de não menos importância: o salário dos educadores. Não é possível esperar de um educador ou de uma educadora que ganha 100 dólares por mês um bom desempenho, porque com esta quantia nem ele e nem ela podem sequer comprar jornais para ler. É preciso, portanto, mostrar aos educadores, na prática, que nós os respeitamos e demonstrar, na prática, nosso compromisso para com seu processo de formação permanente. Para finalizar o exame da sua questão, em muitos casos os governos não estão interessados em assuntos que são intrinsecamente políticos, ou seja, quando estas questões refletem o que eu chamo de politicidade da Educação. Os governos não estão usualmente interessados em *formar educadores*, mas em *treiná-los*. Os governos não estão interessados em desenvolver uma educação capaz de estimular consciências críticas.

Essencialmente, a construção de minha resposta à questão é que um dos deveres e um dos direitos dos educadores progressistas tem sido, e continuará sendo, no próximo século, lutar, mobilizar e organizar-se para lutar. Se nós vivemos numa verdadeira democracia, a luta dos educadores por uma educação melhor não pode ser sufocada, assim como a luta dos trabalhadores, dos doutores e de outros profissionais por melhores condições de trabalho, que levem a uma sociedade melhor. Sem esta luta, confesso que eu não acredito em bons resultados.

Eu acredito que a luta para transformar a realidade é parte da natureza dos seres humanos. Para atingir a humanização, nós devemos lutar para transformar a realidade em vez de simplesmente nos adaptarmos a esta realidade. Eu sempre digo que eu não vim ao mundo para me adaptar ao mundo. Eu vim para transformar. Talvez eu não transforme, mas ao menos eu preciso saber que eu poderia transformar e que eu devo tentar. Se eu não conseguir promover a transformação, pode ser por alguma razão, mas não porque Deus não queria que eu o fizesse.

Você vê, então, a questão original leva a outra questão: como é possível lutar? Bem, esta é uma questão para todos os educadores e todas as educadoras do mundo inteiro. E é também uma questão para todos os povos. Como lutar? Eu estou me referindo à luta política. Mas eu vejo claramente que a questão inicial leva a muitas outras questões.

PARTICIPANTE: — Eu gosto de pensar sobre a concepção de luta como renovação e eu gostaria de pensar que nos Estados Unidos empresarial, que são comprometidas com um senso de renovação. Como o senhor vê a concepção de luta em contraposição com a de renovação?

PAULO FREIRE: — Eu penso que luta implica renovação, embora eu não esteja convencido de que todas as vezes que a gente luta a gente renova. Eu acredito firmemente que nós, mulheres e homens, nos tornamos capazes de interferir neste mundo que nós não criamos, na medida em que nós adquirimos consciência de nós mesmos, o que por sua vez acontece quando adquirimos consciência de mundo. Do meu ponto de vista, é a consciência da externalidade de mim mesmo que torna possível colocar a minha consciência no mundo, da forma que eu vou trabalhar para transformá-lo em vez de me adaptar a ele. As organizações constantemente proclamam que é necessário mudar, mas nem sempre este compromisso com a mudança é demonstrado na sua prática cotidiana. Chega uma hora em que a mudança não está mais acontecendo. Neste momento a organização estagna e pode morrer. É necessário reconhecer o momento em que não está havendo mais renovação, para que os que estão envolvidos na organização possam lutar pelas mudanças necessárias. Neste sentido eu não vejo oposição entre luta e renovação. Ao contrário, eu vejo o intervir como um caminho para a renovação, para a mudança.

WALTER DE OLIVEIRA: — Um segundo tópico contido na primeira questão, e que vem sendo discutido pelo grupo, refere-se ao que podemos chamar de Pedagogia Comunitária, ou Pedagogia dos Bairros. A essência da questão é: como seria uma pedagogia comunitária sustentável? A questão não parece fugir do tópico sobre as qualidades da Educação. Nós estamos falando sobre como integrar a questão da Pedagogia Comunitária e seu poder de transformação a partir da perspectiva da educação escolar.

PAULO FREIRE: — Na mesma linha da primeira questão, sobre as qualidades necessárias à educação da pessoa, sobre a luta como necessidade para o ato de criar, eu adicionaria a *solidariedade* como outra qualidade desejável. A solidariedade caminha de mãos dadas com a consciência crítica. Eu não consigo imaginar o mundo melhorando se nós não adotarmos, realmente, o sentimento da solidariedade e não nos tornarmos imediatamente um grande bloco de solidariedade, se nós não lutarmos pela solidariedade. Estas questões que estão do lado da História têm que estar *molhadas* pelas águas da História. Quando nós estamos muito longe da completude da História as questões não funcionam e as respostas também não.

Às vezes parece que nós estamos falando a favor da solidariedade, mas nós em realidade não queremos ver a solidariedade concretizada. Na perspectiva de algumas pessoas da esquerda nós deveríamos primeiro transformar radicalmente as estruturas materiais da sociedade para poder atuar sobre a superestrutura e somente com estas transformações estruturais concretizadas nós poderíamos ver a realização da solidariedade na sociedade.

Neste tipo de sonho, o sonho mecanicista de transformar as condições materiais da realidade, assume-se que no dia seguinte ao da promoção destas mudanças estruturais profundas teríamos um novo homem e uma nova mulher, e nós poderíamos instaurar a solidariedade na sociedade. A História demonstra que não é bem assim. A solidariedade tem que ser construída em nossos corpos, em nossos comportamentos, em nossas convicções.

No caso do poder local, ou em outras palavras, no poder do bairro, nós precisamos enfrentar o processo da globalização, entender como a globalização implica na supressão da liberdade e da criatividade. A globalização está matando as localidades. Nós precisamos restaurar e inventar de novo o poder local. Restaurar e reinventar o poder local significa criar possibilidades diferentes que tornem possível a experiência da solidariedade.

A ideia de cidades educadoras é muito interessante, e parece-me que de repente muitas pessoas abraçaram esta ideia. Ao mesmo tempo aqui estamos nós, chamados a discutir a ideia do bairro educador. De certa forma estas ideias são similares, estão contidas umas nas outras. A questão tem a ver com o caráter dos educadores e das educadoras, sendo, portanto, um problema moral. Por exemplo, quando você visita uma cidade que se desenvolveu caracteristicamente no século XIX, você vê predominantemente esculturas, monumentos dedicados a soldados, generais, a maioria deles montados em cavalos, em posição de comando. Desta forma a cidade ensina às gerações mais jovens. Eu não acho que nós deveríamos demolir aquelas esculturas, destruir aqueles ensinamentos. Nós temos que preservar a História. Mas, por que não começar a usar a arte, dando exemplos dos tipos de solidariedade que nós imaginamos para a cidade? Por que não convocar artistas, cantores, pintores, como foi feito em Chicago, onde pintores pintaram murais na cidade? Por que não pedir a estes artistas para tornarem-se também, e efetivamente, educadores? Este trabalho pedagógico poderia também se manifestar em diferentes dimensões artísticas, como no teatro.

Os artistas nas ruas estão contando histórias de como sobreviver com solidariedade, com uma consciência crítica, porque o bairro, como conceito, é uma abstração. Nós devemos nos apropriar desta abstração e aplicá-la às ações dos seres humanos. Desta forma nós poderíamos ter, não no entendimento burocrático do mundo, o bairro tornando-se uma escola sem a escolarização, uma escola sem imposição e sem obrigar os estudantes a ler trezentos livros. Os livros não são suficientes. Talvez o que esteja errado não seja ler os trezentos livros, mas a forma como isto é mandado, como se ler fosse uma forma de consumir conhecimento.

Participante: — Eu entendo o que o senhor quer dizer sobre estas coisas ocorrendo ao nível dos bairros. Parece-me que o senhor é otimista quanto à possibilidade de isto ocorrer nos bairros. O senhor acha que é muito ingênuo pensar que isto possa ocorrer no contexto do sistema escolar dos Estados Unidos? Porque os professores das escolas públicas são dependentes das universidades e eu não estou certa de que as universidades estão ensinando os professores como educar criticamente.

Paulo Freire: — Talvez elas não estejam mesmo educando criticamente. Mas veja, alguém me perguntou uma vez, como se pode ensinar criticamente se as universidades não o fazem. Primeiro, eu sou tremendamente "ingênuo", porque a relação entre ingenuidade e boa racionalidade é mais dialética que mecanicista. Mas eu sei que não é fácil, que é muito difícil, mas é possível. O problema para nós não é perder esta luta, mas experimentar com diferentes formas de lutar para tornar isto possível.

Eu vou tentar lhe dizer alguma coisa a respeito da questão. Vamos supor por um momento que eu seja convidado a ficar aqui nesta universidade. Eu me sinto à vontade para dizer isto porque não há nenhuma razão para eu ser convidado e nenhuma chance de eu tolerar o frio que faz nesta cidade. Claro, minha intenção seria não apenas dar aulas, mas trabalhar aqui em favor da solidariedade, da transformação. Meu primeiro passo seria trabalhar em algo que eu chamo de mapeamento ideológico da instituição.

O que eu quero dizer com trabalhar, ou criar ou desenhar o mapa ideológico? Significa que eu preciso saber com quem eu posso contar, com quem eu me pareço, e contra quem talvez eu vou ter que estar. Se eu não conheço os níveis de poder do que está em oposição a mim eu não posso lutar. É suicídio. Quer dizer, eu tenho que ser militante sem sê-lo ou sem querer sê-lo.

Vamos supor que, depois de fazer uma pesquisa aprofundada sobre isto, eu chegue à conclusão de que há três professores e cinco estudantes no departamento onde estou lotado, com quem eu posso conversar acerca dos sonhos. E aí eu começo a trabalhar com eles para a realização dos *sonhos*. Em um determinado momento, pode ser que seja possível ir além do nível onde me encontro, agora, com estas oito pessoas. É possível que um mês mais tarde nós consigamos descobrir mais algumas pessoas e um dia pode ser que tenhamos umas oitenta pessoas pensando juntos e talvez nós possamos então começar algo. Este tipo de trabalho constitui uma virtude que eu chamo paciência na impaciência, ou seja, eu nunca aceito ser apenas paciente ou apenas impaciente. Para trabalhar produtivamente no mundo nós temos que ser ou pacientemente impacientes ou impacientemente pacientes. Se você for apenas impaciente você destrói seu *sonho* antes do que ele devesse ser destruído. Mas se você é apenas paciente as outras pessoas vão destruir o seu trabalho. Você tem que ser pacientemente impaciente para conseguir fazer as coisas e se milhares de pessoas fizerem isto podemos então transformar a sociedade.

Mudar é difícil mas é possível. Se em algum momento eu começasse a acreditar que é impossível mudar não haveria mais razão para que eu continuasse a trabalhar, não haveria mais esperança. Se a mudança não for possível e se não houver esperança, só resta o cinismo. Se nós cairmos no cinismo, no fatalismo, nós morremos apesar de estarmos vivos.

PARTICIPANTE: — Voltando à questão da *formação versus treinamento,* eu trabalho com estudantes universitários e também com crianças mais jovens. Eu costumo perguntar a eles: quais são as experiências de formação mais importantes que vocês tiveram em toda sua vida? Eles geralmente me falam de quatro ou cinco experiências, mas quase sempre eles falam de experiências que não aconteceram na escola. E muito do que eles contam é sobre fracassos, o que nós chamamos de fracasso, grandes erros cometidos nas suas vidas, talvez coisas que aconteceram que, eles supõem, não deveriam ter acontecido, mas que fizeram com que eles se tornassem o que são. A maioria das coisas que fazem com que as pessoas sejam o que elas são não acontece nas escolas. E aqueles de nós que se interessam por esta Pedagogia do Bairro estão tentando construir e aprender sobre estas coisas; e nós acreditamos que os bairros estão no centro, assim como o sol está no centro do nosso sistema solar.

PAULO FREIRE: — Eu concordo. Eu penso que em determinado momento da História as escolas começaram a se tornar necessárias. Em um certo ponto pode ter acontecido que as escolas começaram a obstruir o processo normal de desenvolvimento das pessoas. No meu ponto de vista, a questão para nós, hoje, não é abolir as escolas. Neste ponto eu nunca concordei com Ivan Illich,[20] um grande amigo meu. Para mim, o que nós temos que fazer não é fechar as escolas, mas torná-las melhores, quer dizer, reorientá-las científica e politicamente. Esta é uma das tarefas que o bairro pode escolher. Quer dizer, o bairro poderia tentar exercitar o papel de educar as escolas que se encontram em seu interior. Ele poderia assumir a responsabilidade de formar e de reformar as escolas que estão na sua geografia. Mas para o bairro fazer isto é necessário primeiro entender o verdadeiro sentido da solidariedade, de ser solidário.

O individualismo é a antítese da solidariedade. Sob a perspectiva individualista cada um pensa principalmente no seu interesse pessoal e a tendência é nos fecharmos em nós mesmos. Mas, eu concordo com você neste aspecto, de que o bairro deveria mudar as premissas, transformar as escolas e não abolir as escolas.

---

20. Ivan Illich escreveu, em 1971, um famoso livro, *Sociedade sem escolas*, no qual defendia que a educação fosse feita informalmente, fora das históricas instituições dedicadas à escolarização. Leiam sobre a relação de amizade entre Paulo Freire e Ivan Illich no livro de Ana Maria Araújo Freire, *Paulo Freire: uma história de vida*. Indaiatuba: Villa das Letras, 2006, p. 167 e 168. NF.

PARTICIPANTE: — Que tipos de experiência formaram o senhor em sua infância? Como o senhor se tornou um pensador crítico?

PAULO FREIRE: — Esta é uma questão muito boa e muito importante, do ponto de vista filosófico. Porque até agora eu enfatizei a necessidade da formação, mas nas minhas falas, apesar de esta não ser a minha maneira de entender a *formação*, parece que não há nenhuma responsabilidade nossa no processo de *nossa própria formação*. E sua pergunta põe esta questão na mesa. Nós podemos ser e somos responsáveis e podemos ter um papel fundamental no processo do nosso desenvolvimento assumindo nossa identidade e mesmo lutar contra os elementos externos que poderiam nos privar de ser quem nós somos. Por causa disto, eu estou certo de que no processo de formação, numa forma democrática, nós deveríamos enfatizar para os estudantes, desde o começo, o dever e não somente o direito que eles têm de ser eles mesmos. Esta é a questão da autonomia do ser, uma questão absolutamente importante.

Você me perguntou sobre minha própria formação. Hoje eu estava contando para Walter, durante o desjejum, que meu pai morreu com 54 anos de idade. Para mim é muito estranho que eu tenha 75 anos, que eu seja mais velho do que meu pai quando ele morreu. Ele morreu em 1934 e eu sinto sua presença quase como se ele estivesse aqui agora. Tal foi sua influência e sua presença na minha infância, pois ele morreu quando eu tinha 13 anos. Em nossa curta experiência meu pai me deu muito. Ele me deu sério testemunho de seu respeito pelos outros. Por exemplo, ele experimentou bastante sua oportunidade como pai, mas nunca passou do limite até onde ele deveria ir. Em outras palavras, ele sempre respeitou nossa liberdade. Ele nos ajudou, a mim e a meus irmãos e irmã, a sermos livres, a aceitarmos os limites necessários, sem os quais a liberdade se perde. Com ele eu aprendi a tolerância. Por exemplo, ele era espírita, um seguidor de Alan Kardec, o filósofo francês que criou, organizou e sistematizou uma doutrina espiritualista. Minha mãe era católica. Claro, ele não era de ir à igreja, ele não acreditava na burocracia da Igreja. Ele não aceitava as maneiras de acreditar em Deus oferecidas pela Igreja Católica. Isto foi na primeira metade do século XX, constituindo um exemplo fantástico de sua abertura e de sua coragem. Eu me lembro que quando eu tinha sete anos se realizou uma "missão" de uma semana na paróquia onde vivíamos e que eu participei sendo catequizado para minha primeira comunhão. Eu fui falar com ele, não para obter sua permissão, mas para lhe dizer que no domingo seguinte eu iria à igreja para ter meu primeiro encontro com Deus. E ele me disse: "Eu vou com você". Você não pode imaginar como aquelas palavras me marcaram até hoje. Este era um entendimento profundo de tolerância, de respeito pelo diferente. Ali estava um pai, em uma sociedade muito específica, muito conservadora. Ele poderia dizer, "Não, tudo isto é mentira. Eu não vou deixar você livre para participar desta mentira". Ao contrário, ele foi à igreja e me deu um exemplo fantástico da importância fundamental e absoluta da solidariedade, de como o respeito pelo outro é absolutamente indispensável, de como discutir mudanças e como discutir transformações com respeito. Em comparação, minha mãe era menos forte que ele, o exemplo dela foi um forte exemplo de amor. Eu não sei como fazer a distinção entre os dois testemunhos, mas ambos foram fundamentais na minha vida. Eles são mais importantes que o testemunho das escolas, mesmo mais importante que o testemunho do bairro.

Depois daqueles primeiros anos eu continuei trabalhando nesta ideia de respeito pelo diferente e eu penso que isto foi crucial em formar uma consciência crítica. Desde que eu era bem jovem, portanto, aprendi que eu deveria também agir, deveria fazer coisas. Eu tinha que criar a minha vida através da minha própria experiência da vida. Ao criar estas experiências eu tive bons testemunhos de pessoas boas, e também testemunhos ruins, e estes testemunhos contribuíram, uns mais e outros menos, para minha formação.

Muitas destas coisas não podem ser ensinadas, mas nós podemos desafiar os estudantes para que eles possam apreender o significado destas coisas.

PARTICIPANTE: — Pode existir opressão quando há esperança?

PAULO FREIRE: — Esta é uma pergunta crucial. Eu estou absolutamente convicto da importância da esperança, mas talvez eu deva dizer algo sobre como eu entendo a esperança. Em primeiro lugar, eu nunca vi com bons olhos uma filosofia ou proposta ou entendimento histórico de nossa presença no mundo que não considere a essência dos seres humanos, a natureza dos seres humanos. Claro, existem diferentes maneiras de se conceber a natureza dos seres humanos. Eu fico com aquelas que entendem a natureza dos seres humanos como sendo formadas, constituídas na história. Esta pode ser uma das razões pelas quais muitos cristãos não aceitem que eu também seja um cristão, porque eu concordo com Marx em alguns aspectos. Por exemplo, quando ele diz que não é possível abordar nossas vidas ou qualquer outra coisa antes da História, sem considerar a História. Meu entendimento da natureza humana começa com a História e não antes da História.

Eu penso que nós nunca tivemos nem temos uma definição abstrata da natureza da História, que nós criamos a História aqui, que nós estamos criando a História diariamente. E precisamente porque a natureza dos seres humanos é histórica e tem historicidade, significa que ela não é imóvel, que esta natureza muda. Este é um dos princípios que orienta meu entendimento da educação para a transformação. Porque se eu parto de uma orientação da História conectada à metafísica, eu parto não aceitando o princípio de que nossa natureza tem sido formada historicamente. Se nossa natureza tem sido formada historicamente, é possível transformá-la historicamente.

Em segundo lugar, eu defendo a ideia de que em algum momento em nossa jornada histórica no mundo como seres inconclusos, nós adquirimos a habilidade de reconhecermo-nos como seres inconclusos. As árvores e os leões também são seres inconclusos, mas talvez eles não saibam disso. Nós, seres humanos, sabemos que somos inconclusos. E precisamente porque nós sabemos, porque temos consciência de sermos seres inconclusos, torna-se uma contradição o reconhecimento desta incompletude sem o engajamento num processo permanente de buscar nossa completude. Isto não significa que a inserção neste processo de busca vai garantir que vamos achar as coisas que nós estamos procurando. Uma das coisas mais belas na luta da vida, da existência, é exatamente a possibilidade de se conseguir ou de não conseguirmos as coisas que buscamos. Mesmo nestas condições, em que nós sabemos o que nós estamos tentando conseguir, não há garantias de que nós o conseguiremos. Isto quer dizer que o entendimento holístico da história, isto é, o entendimento da história como um processo integral, incluindo as coisas que nós buscamos, não é um entendimento mecanicista. Nesta perspectiva, em vez de simplesmente pensarmos sobre o futuro, nós devemos problematizá-lo.

Eu penso no futuro como uma possibilidade. Então para mim o futuro não é algo que terá que ser como dizem que será. Aceitar o futuro como possibilidade implica aceitar que há diferentes possibilidades para o futuro e então nós temos que nos mobilizar, nos organizar, para poder *sonhar*. Nós temos *sonhos* sobre o futuro. A conceituação de futuro como uma possibilidade traz a ideia de que o futuro não é algo além da nossa habilidade de influenciar, alguma entidade esperando pela nossa chegada. Ao contrário, de acordo com este perfil, de ser uma possibilidade, o futuro é, sobretudo, transformação — a transformação do hoje.

A questão agora é: como eu poderei me engajar permanentemente neste processo sem esperança? Então a esperança não é apenas uma ideia maluca, um sonho bobo das pessoas. A esperança tem fundamentos.

A atividade de questionar é sempre fascinante. E como as questões sempre levam a outras questões, então aparece a questão da responsabilidade. Eu vim ao mundo não para me adaptar a ele, mas para assumir a responsabilidade de estar aqui. E estar aqui significa interferir neste hoje, neste aqui. E sem esperança, como eu poderia fazer isto? Se nós seguirmos esta linha de raciocínio nós podemos ser levados a entender, por exemplo, por que a ideologia da opressão sempre injeta um certo fatalismo no oprimido. Este fatalismo é instilado através de levar o oprimido a acreditar que nenhuma solução para ele pode se tornar real, que a realidade não é passível de ser mudada. Ao mesmo tempo, quanto mais o opressor descobre que a realidade não é imutável menos ele consegue dormir bem. Consequentemente, uma das coisas a fazer para ajudar as pessoas oprimidas é trabalhar na questão da esperança. É aumentar a esperança, ter esperança apesar de tudo. Porque sem esperança não pode haver luta.

Eu poderia também dizer para você que para mim há esperança porque Deus não mente. Mas esta questão satisfaz apenas aqueles que acreditam em Deus. Eu respeito todos aqueles que não acreditam em Deus, então eu tenho que dar uma resposta que eles possam aceitar. Da minha perspectiva, uma das razões porque eu tenho esperança é porque eu acredito em Deus. Eu estou convencido de que eu sou mais do que meu corpo.

Um grande amigo meu que não acredita em Deus morreu recentemente. Um pouco antes de morrer ele me disse, "Paulo, como é possível para você acreditar nisso? Nós não somos mais que cadáveres". E eu disse, "veja, quando nós morremos, nós temos uma experiência muito interessante, talvez mais interessante para você porque você não acredita em nada além de seu corpo. Então, quando você morrer, você vai ter uma grande surpresa, porque você vai descobrir que você era e é mais que um corpo. E eu não vou ter esta surpresa porque eu já estou convencido disto." Ele morreu e talvez hoje ele esteja sorrindo.

Mas voltando a explorar a possibilidade de uma resposta para a questão da relação entre opressão e esperança, eu ainda sinto muito fortemente que a situação de opressão trabalha contra a esperança. Eu acredito que a situação de opressão tem tudo para privar o oprimido de ter esperança. Então para o oprimido há um momento em que a esperança começa a voltar ou a ser restaurada. Isto acontece quando o oprimido se engaja em algum nível num processo de luta. Quando eu digo luta eu quero dizer luta política e não necessariamente agressão física. Há muita agressão física que não traz nenhum tipo de esperança.

Eu me lembro de uma discussão que ocorreu há uns trinta anos em um dos círculos de cultura de um programa de alfabetização. Nós estávamos discutindo sobre alguns aspectos de "injetar" esperança, de como ajudar no processo de trazer esperança para as pessoas. Esta discussão tocou no cerne da conceituação de cultura. Nós estávamos nos conscientizando de que a compreensão do significado de cultura implica entender cultura como o resultado das diferenças entre os seres humanos. E que estas diferenças ocorrem no contexto do mundo natural, que nós não criamos. Eles descobriram que transformar a realidade é criar e solidificar uma cultura. Que fazer um poço é tão cultural quanto escrever um poema. Quando nós, homens e mulheres, descobrimos que no "fazer" nós estamos criando e recriando a realidade, nós estamos apreendendo o significado de "cultura".

Eu me lembro que numa daquelas discussões noturnas um homem disse: "neste exato momento eu sei que talvez o Brasil nem mesmo mude, mas eu tenho certeza de que não é porque Deus não quer." Naquele momento aquele homem compreendeu que havia outras razões para não haver transformação, que não tinham nada a ver com o sobrenatural. Estas e outras razões têm a ver com as estruturas da sociedade.

Você sabe, nenhum poder estabelecido permite discussões sobre as estruturas. Você pode discutir sobre os resultados, sobre os reflexos das estruturas, mas não sobre as estruturas em si. É um terreno muito perigoso para ser discutido.

WALTER DE OLIVEIRA: — E se não se pode discutir as estruturas, então não há esperança, porque não há possibilidades de promover as transformações estruturais que são necessárias para ajudar na luta contra a situação de opressão.

PAULO FREIRE: — Fica claro, então, que há, sem dúvida, uma relação entre esperança, perda de esperança, presença da esperança, opressão, luta contra a opressão, perpetuação do poder estabelecido, das estruturas sociais e do *status quo*, solidariedade e adaptação à opressão. A perda da esperança nos leva necessariamente a uma posição fatalista, *vis-à-vis* com a realidade.

WALTER DE OLIVEIRA: — E tudo isso, perda de esperança, fatalismo, e consequentemente ausência de luta, apatia, falta de solidariedade, são úteis para a perpetuação da realidade como está, das estruturas sociais injustas, da opressão.

PAULO FREIRE: — Exatamente. Historicamente nós temos sempre conhecido o fatalismo. Entretanto, o fatalismo era mais presente no meio dos trabalhadores, especialmente entre os camponeses. Hoje o fatalismo está disseminado entre os economistas, nas universidades, entre os acadêmicos. Quando estes economistas afirmam que do ponto de vista da economia nós não temos nada a fazer, mas apenas nos adaptarmos à realidade que se nos apresenta, esta que vem sendo chamada de globalização, nós temos que entender que eles estão dizendo que não há esperança fora desta perspectiva.

WALTER DE OLIVEIRA: — Em outras palavras, que nós temos que aceitar a realidade do jeito que está, que nós não temos meios para transformá-la?!

PAULO FREIRE: — Por que a globalização tem que implicar na total impossibilidade de transformar a realidade? Será possível que a tecnologia tenha que possuir tanto poder sobre nós, apesar de nós a termos criado? Torna-se uma excelente questão para ser formulada, se os robôs de amanhã estarão comandando os seres humanos que os criaram, nos submetendo a seu poder. As respostas a estas questões não podem ser previstas pela tecnologia. Terão que vir de nós, seres humanos, utilizando nossas consciências críticas. Eu me recuso a aceitar respostas a questões como estas dadas pela tecnologia. As respostas têm que vir de nós, seres humanos, usando o poder das nossas consciências críticas. Nós temos que prover as respostas, nós devemos estas respostas a nós mesmos e às próximas gerações.

O problema da tecnologia, então, não é tecnológico, mas político. A promulgação e implementação de políticas para lidar com a tecnologia, as políticas para lidar com o processo da globalização, são todos problemas políticos. A globalização é um assunto essencialmente político.

WALTER DE OLIVEIRA: — E o fatalismo, seguindo esta linha de raciocínio, é uma atitude política, controlada ideologicamente.

PAULO FREIRE: — Claro, este fatalismo que nós vemos hoje, abraçado por certos economistas e certos grupos políticos, que nos dizem que há somente um caminho a ser percorrido, trabalha em favor do processo de globalização e em favor da criação de uma situação na qual nós nos vemos impotentes, transferindo nosso poder, o poder do ser humano, para a tecnologia. Este fatalismo, portanto, tem profundas implicações políticas. Este fatalismo está, hoje, contido no discurso machista neoliberal em todo o mundo, homogeneizado, dizendo a mesma coisa em diferentes línguas, pregando a falta de importância da história, nos dizendo que não existem classes sociais, que não há ideologia, nem lutas de classes, que não há esperança, nem sonhos, nem utopias; e para mim isto é uma mentira ideológica. E como um ser humano, eu protesto. Porque eu continuo a acreditar no nosso poder de transformar a realidade, nas nossas utopias cultivadas em muitos anos do processo civilizatório e eu não estou nem mesmo falando como um político ou como educador, mas primordialmente como um ser humano.

WALTER DE OLIVEIRA: — Parece que o fatalismo, associado à pressão por uma aldeia global neoliberal governada pelo sistema de mercado, baseada na competição e no Darwinismo social, tende a levar a uma homogeneização das culturas, ou mesmo ao desaparecimento das diferenças culturais, com todos os perigos implícitos, incluindo a perda de visão de outras alternativas ao domínio do mercado. Este fatalismo necessita que as pessoas aceitem o fato de que nada pode ser feito para impedir isto, e tudo que nós podemos fazer é nos entregarmos a este destino, a cumprir esta profecia.

PAULO FREIRE: — Sim! Eu me recuso a aceitar este papel que está comprometido com uma ideologia que contribui para nossa desumanização. De novo eu digo, não vim ao mundo para me adaptar a uma realidade que me é ofertada. Eu reconheço a força desta realidade, o poder desta realidade. Talvez nós nunca tenhamos tido uma realidade tão poderosa como esta diante de nós. Mas mesmo esta realidade poderosa tem de ser vista como transformável, e esta transformação depende de nossos desejos, de nossos *sonhos*.

Um dos problemas que nós temos hoje é a circulação rápida do capital financeiro pelo mundo, visando os lugares mais lucrativos, os lugares que pagam melhor. Esta foi uma das razões por trás da recente derrocada da economia no

México, na Argentina, e quase fez o mesmo no Brasil. Se você disser para alguns economistas que há muita gente no Brasil morrendo de fome, ao mesmo tempo em que a produção mundial de alimentos poderia nutrir duas vezes a população do mundo, eles dizem, "Sim, mas esta é a realidade e não há como mudá-la." Eu digo "Não! É esta realidade que nós temos que transformar."

É interessante notar que quando este mesmo tipo de gente, deste nível, os grandes capitalistas, os que estão comandando o mundo, tornam-se objetos e se veem ameaçados pela fatalidade, aí eles podem ver a possibilidade de mudança. Depois dos desastres econômicos no México eles começaram a dizer que é absolutamente necessário, para os que comandam o mundo, começar a regular, a estabelecer uma disciplina para proteger o capital financeiro que circula pelo mundo.

Nesta situação se percebeu uma necessidade e a possibilidade de uma reorganização imediata. Percebeu-se que há uma possibilidade de acabar com o problema, de mudar a realidade. Mas quando se trata de pessoas morrendo de fome não há possibilidade de acabar, não há possibilidade de reorganização, porque a situação é percebida como imutável! "É a realidade e não há nada a fazer", dizem e repetem. É ou não é o poder da ideologia, o poder daqueles que podem ditar para os outros e as outras o que pode e o que não pode ser feito, o poder de interpretar e impor uma maneira de ver a vida, de ver a realidade, de fazer sua leitura de mundo e de perceber nossas possibilidades no mundo?

Eu gostaria de terminar dizendo a vocês que uma das minhas lutas como educador hoje é esta, eu luto contra este tipo de fatalismo e clamo, "Não! Não! Eu sou um homem e não posso aceitar esta terrível realidade!" A minha esperança é, para mim, indispensável.

PARTICIPANTE: — Não há também um potencial reacionário da esperança, nos Estados Unidos, porque há esta coisa de dizer que as pessoas podem ser o que elas quiserem, podem realizar todos os seus desejos? Talvez se você trabalhar duro você consiga, mas ao mesmo tempo esta ideia implica em assumir que não há nada de errado com o sistema e que é uma questão de você ser perseverante e trabalhar duro. Então eu vejo que a esperança, por um lado, tem um potencial positivo, mas também tem o potencial de reforçar as coisas ruins, inclusive da Educação, porque você tem esperança de as coisas melhorarem, mas não entende que para que esta melhora aconteça você tem que tomar a responsabilidade. Então a esperança não basta, tem que estar ligada a uma compreensão da realidade.

PAULO FREIRE: — Eu acho que eu entendi sua questão. Para mim o problema é que frequentemente a esperança tem que ser crítica porque há maneiras de ser esperançoso, há uma espécie de "doce esperança". As religiões normalmente têm uma enorme responsabilidade por este tipo de esperança ingênua, que é precisamente o tipo de esperança que você encontra na atitude de resignação. Eu não defendo a resignação. Ao contrário, eu defendo a rebelião séria. Mas para criar algo mais que rebelião, nós temos que encorajar atitudes para criar o revolucionário.

Neste caso, eu não estou fazendo referência à revolução tradicional. O que eu quero dizer é que, às vezes, na rebelião, você tem que ter mais do que indignação. Você tem o protesto, tem a denúncia, mas tem que ter também a anunciação. Quer dizer, ao mesmo tempo em que você denuncia, você tem que anunciar. No mínimo, fazer o anúncio do que o seu sonho pode oferecer. Isto é mais do que rebelião, mas não pode acontecer sem haver a rebelião. Pregar a resignação é uma forma doce de mentir para o oprimido. Por exemplo, 30 ou 40 anos atrás era comum para um padre, depois de comer um bom desjejum, pregar na igreja para as pessoas com fome, dizer a elas para serem pacientes porque elas iriam ter o reino de Deus. Ele propunha resignação e não esperança. Eu sou contra isso.

PARTICIPANTE: — Eu tenho ensinado sua obra por 13 anos num curso comunitário sobre a pedagogia do oprimido e consciência crítica. Os estudantes captam praticamente tudo. Mas às vezes eu sinto dificuldade em discutir com os estudantes dos Círculos Culturais e também quando eu preciso decodificar os temas emocionais. O que o senhor pode me dizer sobre como eu posso passar aquela mensagem?

PAULO FREIRE: — Veja, quando nós começamos a discutir sobre a realidade nós nos deparamos com a necessidade de discutir algumas questões internas. Neste ponto a discussão começa a ficar difícil porque nós temos que tocar em nossas próprias emoções e sentimentos. Eu nunca esqueço a primeira vez que eu conversei com Erich Fromm, no México, nos anos 70. Eu estava explicando para ele os pontos que eu achava mais relevantes do meu trabalho e em cinco minutos ele terminou a conversa porque ele já sabia sobre o que eu queria dizer, sobre a leitura de mundo que eu fazia... Então ele sorriu porque eu falei que se eu fosse sempre conversar com pessoas como ele eu não teria nada a dizer. Ele analisou meu trabalho e concluiu: "O que você está fazendo é um tipo muito especial de psicanálise psicológica, cultural, política e ideológica." Acrescentou: "Eu tenho esperado anos por este tipo de Educação." Depois ele me disse: "Por isso você não pode ser aceito facilmente por aqueles que detêm o poder, porque propor que os oprimidos e as oprimidas pensem em si mesmos não necessariamente como vítimas da sociedade é trabalhar contra os que impõem suas regras à sociedade."

Para os poderosos é fundamental que a Educação se torne apenas um conjunto de técnicas. A redução da Educação a técnicas é absolutamente indispensável para a continuidade de uma sociedade como esta. Mas na sua melhor forma a Educação é muito mais do que técnicas, a Educação é uma forma de entender o mundo com a finalidade de transformá-lo.

Mas para ficar na sua questão, em primeiro lugar eu penso que nós temos que ser compreensivos para com as fortes reações das pessoas, especialmente as resistências contra o exame de seus próprios sentimentos. Nossa tarefa é difícil. Nós não temos nem mesmo os recursos científicos para ajudar as pessoas a confrontar certas situações psicológicas, que até os terapeutas também enfrentam. E, afinal, os educadores são, verdadeiramente, psicoterapeutas sociais, como Erich Fromm já me apontava. A resposta à questão, para mim, é entender, respeitar, manter-se silencioso nos momentos de dor porque às vezes as pessoas realmente sofrem durante o processo de educação.

Eu me lembro de um dia no Chile, em 1966, quando em meio a uma discussão um jovem olhou para o educador que coordenava a discussão e disse: "afinal de contas, senhor, aonde você está querendo chegar?" Este jovem estava com raiva porque as questões estavam começando a tocar alguns de seus problemas emocionais. Então, em vez de se questionar, sua reação, sua resistência, levou-o a questionar o educador e o processo de educação.

Então, a minha resposta é que antes de tudo nós temos que respeitar os sentimentos das pessoas. Mas nós temos que dar o melhor de nós para ajudar as pessoas a terem coragem para se confrontar a si mesmas. Porque uma das condições para nós termos esperança, e para nos engajarmos em qualquer forma de luta socialmente significante, é lidar com nossas próprias dificuldades e não ficar com raiva dos outros. Algumas vezes as pessoas se sentem à vontade lidando com suas dificuldades, mas às vezes a resistência é enorme. Quando isto acontece, talvez nós pudéssemos recorrer a contar histórias que envolvam os mesmos tipos de sentimentos que estão em jogo naquele momento em particular. Assim nós podemos, de certa forma, minimizar o sofrimento diante dos sentimentos que nós estamos tocando, a dor que nós estamos provocando.

Talvez assim nós possamos tornar estes sentimentos, esta dor, mais "naturais" e mais suportáveis. Talvez seja útil criar uma certa distância, uma intimidade com distância, entre nós e o problema. Porque, às vezes, uma questão nos faz sofrer de tal maneira que nós não queremos nem mesmo pensar a respeito da questão. O que nós queremos é fugir, escapar, dormir, e se o educador insiste em apresentar a questão e nos força novamente a enfrentar a situação nós podemos nos sentir ofendidos.

Um exemplo de um problema muito delicado para ser tocado por um estrangeiro, mas que eu vou ousar tocar, tem a ver com o fenômeno da discriminação. Uma das faces da discriminação tem a ver com a imposição do idioma inglês do branco às pessoas negras aqui nos Estados Unidos. Uma questão a ser enfrentada é: como ensinar inglês às crianças negras num determinado bairro se o professor não é solidário, realmente solidário, com a criança negra? Se o professor não tem informação científica, se ele nunca lê ou pensa sobre a ideologia que permeia os assuntos da linguagem e da comunicação, se o professor está absolutamente convencido de que o inglês do branco define o padrão de qualidade no mundo da boa linguagem? Como é possível para este professor ensinar crianças negras? É absolutamente impossível. Eu não estou dizendo que um professor branco não deveria ensinar crianças negras, mas para ensiná-las ele deve compreender as diferenças de sintaxe no inglês usado pelos brancos e pelos negros. Por outro lado, o professor tem que ensinar a sintaxe do branco, não porque a das crianças negras é inferior, não porque o inglês negro seja feio. As crianças negras têm que aprender o inglês branco para poder lutar melhor contra a ideologia branca de discriminação. É assim que eu vejo esta questão.

PEDAGOGIA DA SOLIDARIEDADE | 103

Mais uma vez tocamos no problema do respeito, e no problema de respeitar a identidade cultural dos estudantes. Por causa destes problemas eu tenho minhas dúvidas a respeito da ideia de multiculturalismo e multilinguística neste país. Multiculturalismo, para mim, implica respeito por todas as culturas, e este respeito implica que a cultura primária ou que se considera primária não imponha seus valores às outras culturas.

PARTICIPANTE: — O seu entendimento de Cristo condicionou o seu entendimento da importância da palavra como um elemento de diálogo em seus escritos?

PAULO FREIRE: — Uma vez, na Europa, algumas pessoas me perguntaram sobre a influência dos grandes educadores, dos grandes filósofos, no meu trabalho, na minha curiosidade, e eu me lembro que eu falei, primeiramente, sobre Cristo. Eu entendo Cristo como um educador. Eu posso pensar em muitos exemplos do fantástico testemunho Dele para o meu entendimento de história e de educação. Eu acho que nós cometemos um grande erro em tentar entender Cristo sem considerar a dialética entre os diferentes momentos da vida Dele. Por exemplo, nós costumamos citar, muitas vezes, o momento em que Ele ofereceu a outra face àqueles que o esbofetearam, mas não a maneira violenta com que reagiu à mercantilização no Templo, porque isto mostra um lado Dele que não era tão doce quanto se quer!

PARTICIPANTE: — Eu quero voltar por um minuto ao estudante chileno, aquele que ficou com raiva por não saber aonde o educador queria chegar, e não vê-lo como um estudante, mas como um educador. Este "estudante" do Chile talvez tenha nos ensinado algo que pode nos ajudar a compreender o que é um educador e o que é o educador social.[21] E eu quero ter a certeza de que as minhas palavras vão significar o mesmo para o senhor que elas significam para mim, em nossa conversa. Parece que aquele jovem nos ensinou que um educador existe como um questionamento, que o educador é uma interrogação e que a responsabilidade do educador é viver como um questionamento. Viver como um questionamento é uma forma de se dirigir ao mundo tanto como se dirigir ao estudante. Neste caso, parece-me que o fato do estudante ter ficado nervoso é um sinal de que o educador estava cumprindo o seu papel.

PAULO FREIRE: — Uma interpretação maravilhosa. Um bom educador faz com que os estudantes se cansem e que fiquem curiosos. Eu não acredito muito em educadores que mantêm suas turmas bem comportadas.

PARTICIPANTE: — Se o educador existe como questionamento, então o questionamento é inerente à luta porque a questão é sempre sobre a possibilidade de distância entre o agora e o talvez. É aí que a coragem tem de caminhar.

---

21. No original, *youthworker*. WO.

PAULO FREIRE: — Eu concordo. Sem comentários. Às vezes uma questão me cansa, às vezes nós ficamos cansados, mas neste caso não há chance de eu me cansar de vocês por causa da linguagem que reflete o seu pensamento abstrato. Eu penso que há uma espécie de contradição entre o ato de falar e a possibilidade de compreender o que é falado por outros. Eu tenho muito mais habilidade de dizer o que eu penso em inglês do que de entender vocês, cuja língua nativa é o inglês. Eu sempre preciso de ajuda. O que quer dizer que eu sempre fico cansado.

PARTICIPANTE: — Eu entendi o senhor dizer que a esperança é necessária mas não suficiente para vencer a opressão. Mas, anteriormente, o senhor descreveu uma das qualidades desejáveis para a educação de uma pessoa como sendo alguém com uma consciência crítica. Aparentemente, colocando estas duas coisas juntas, a esperança mais uma consciência crítica, nos leva perto de lidar com a opressão. Mas agora, na continuidade deste diálogo, o senhor adicionou a ideia de solidariedade. Então eu fico pensando que a solidariedade é outro pedaço do mosaico. O senhor está dizendo que esperança, consciência crítica e solidariedade, são três dos elementos que o senhor vê como necessários para vencer a opressão?

PAULO FREIRE: — Eu gostaria antes de clarificar o que eu queria dizer "ir além da opressão, ultrapassar a opressão"...

PARTICIPANTE: (a mesma pessoa da questão anterior interrompendo Paulo Freire, completa-a) — Há diferença entre ir além, ultrapassar a opressão e vencer a opressão?

106 | PAULO FREIRE

PAULO FREIRE: — Não!

PARTICIPANTE: — A solidariedade de uma classe trabalhadora seria uma forma de pensar sobre isso. Mas hoje, nos EUA, é muito difícil dizer que nós temos apenas dois grupos, os que têm e os que não têm. Entre os que "têm" há muitos grupos e entre os que "não têm" nós temos muitos grupos. Mesmo quando eu olho ao redor, para o nosso grupo desta manhã, eu vejo semelhanças, mas também há particularidades. Como se pode lidar com a solidariedade em meio à grande diversidade que nós reconhecemos entre nós?

PAULO FREIRE: — Há diferentes oportunidades para você expressar sua solidariedade. Num sentido muito abrangente de solidariedade, você pode ser solidário a uma pessoa bilionária que tenha necessidades, você pode ser um samaritano. Você não vai negar um copo d'água mesmo que aquela seja uma má pessoa. É uma forma de solidariedade, é uma forma de necessidade humana dos seres humanos. Mas quando eu falo em solidariedade no contexto da nossa discussão desta manhã, eu estou me referindo principalmente à necessária solidariedade que as pessoas que compartilham os mesmos *sonhos*, os *sonhos* políticos similares, devem ter entre elas para poder lutar contra os que estão do outro lado. E, é claro, o outro lado tem que ser solidário entre si, e eles o são. Os poderosos são solidários entre eles para prevenir o colapso da totalidade do poder. Eles mostram esta solidariedade entre eles todos os dias. Isto também é solidariedade.

O meu *sonho* é de uma sociedade menos feia, uma sociedade na qual nós possamos rir sem falsidade. Na qual saber não é um problema de visão, na qual não haja discriminação de língua, raça ou sexo. Eu não estou pensando numa sociedade de anjos, porque anjos não fazem política, mas em uma sociedade de seres humanos. Nós temos que ter solidariedade entre os que têm os mesmos *sonhos*. Esta solidariedade implica em esperança, e sem esperança e sem solidariedade é impossível lutar.

Para mim, uma das coisas que eu entendo cientificamente, mas não posso aceitar politicamente e filosoficamente, é a falta de solidariedade entre as minorias neste país. Nos Estados Unidos as minorias são, na verdade, a maioria. Se eles descobrissem o poder da solidariedade, que poderia uni-los, isto faria uma enorme diferença. Se eles se unissem enquanto preservando sua diversidade, eles descobririam que não são minorias, a única minoria é a classe dominante. Um dos direitos preservados por esta minoria dominante é definir o perfil do dominado. Por exemplo, os colonizadores que chegaram aqui disseram que os nativos não tinham história até a chegada dos colonizadores. Porque os nativos não tinham uma linguagem, mas "dialetos", se assumiu que eles não tinham cultura. Desta forma os poderosos traçam o perfil daqueles que não têm poder. A partir de um certo momento da experiência, aqueles que não têm o poder aceitam o perfil determinado pelo dominante. Quando os dominados começam a lutar eles rejeitam o perfil dado, por isso os negros norte-americanos, nos anos 60, proclamaram ao mundo que "negro é bonito". Esta foi a forma que os negros tiveram para rejeitar o perfil de feiura dos negros, determinado pela maioria dominante branca.

Criar solidariedade entre aqueles que são diferentes, mas têm, de alguma forma, o mesmo tipo de *sonho*, implica admitir diferentes entendimentos do perfil do *sonho*. A questão passa para o terreno da objetividade, não da subjetividade, e a luta inclui algum trabalho no sentido de entender e lidar com estes problemas, em criar estratégias, em trabalhar o respeito pelas diferenças. De qualquer forma, eu penso que, em primeiro lugar, deve-se trabalhar a possibilidade de tornar-se solidário e não de ficar uns contra os outros.

Para mim a questão da solidariedade é, portanto, uma questão política e é também uma questão metodológica. Tem a ver com a preparação para realizar o sonho. Sua questão foi muito boa. Sem explorar este tema eu poderia ter ignorado nas minhas respostas algo muito importante. Muito obrigado.

PARTICIPANTE: — O outro elemento é que, além de ser um questionamento, o professor também tem que ser uma testemunha, que quando o estudante se expressa em sua frustração o professor também deve mostrar-se com suas frustrações. Então, além de esperança, de uma consciência crítica e solidariedade, há também um testemunho que se tem que dar para fazer tudo isso possível.

PAULO FREIRE: — Sim, muito bem. Eu penso que neste ponto todos nos pomos de acordo. O educador deve ser um questionamento que incorpora e se torna um testemunho.

Pessoalmente, esta manhã já justifica, para mim, ter vindo aos Estados Unidos. A natureza dos outros encontros que eu tenho tido tem sido diferente. Esta é uma das melhores experiências que eu já tive.

Muito obrigado.

7. Fatalismo e conformidade: a pedagogia da opressão.
Walter Ferreira de Oliveira

> "Duvidar do que é certo e não do que é duvidoso, eis a sabedoria."
>
> Celestin Freinet

A obra de Paulo Freire nos convida reiteradamente a refletir sobre a identidade do processo educativo. Não é incomum, em nossa sociedade, a visão da educação estritamente como um conjunto de mecanismos de aprendizado e sua valorização fortemente ligada à modalidade formal — se valoriza quase tão somente a educação "adquirida" nos bancos da escola, nos cursos oferecidos por instituições de ensino formalmente credenciadas para a prática educativa. Mas do ponto de vista freireano o processo educativo é muito mais do que o conhecimento que se adquire didaticamente nas instituições formais. A educação é, para Freire, uma chave para a exploração do próprio dilema da existência humana, um fenômeno transcendente, ao mesmo tempo ferramenta e campo criador, que tanto pode ser usado como esquema de adaptação como exercido como lócus de maturação pessoal, que implica troca de conhecimentos e constitui-se como dinâmica social na construção de novos saberes. Neste sentido, a educação é um epifenômeno, reflexo de estruturas culturais, sociais e políticas e, através das relações interpessoais, comunitárias e institucionais, agente transformador destas estruturas. Não é uma atividade neutra, mas um território de desenvolvimento, mobilização, embates e conflitos. Desta forma, a questão da identidade do pedagógico se confunde com as questões fundamentais da epistemologia, que Melvin Rader (1976) assim coloca: O quanto sabemos? O quanto podemos saber? Como é que chegamos a este saber? Como podemos distinguir entre aparência e realidade? Qual a natureza da verdade e como distinguir o que é verdadeiro do que é falso? Esta abordagem da educação abarca, nas palavras de Rader, as questões imorredouras, os principais problemas da Filosofia, as perguntas que insistem em não se calar.

Examinar a existência humana em seus conhecimentos, suas estruturas, inter-relações, minúcias, nuances e idiossincrasias, decifrar significações, simbolismos, representações e práticas, estudar as sociedades, as formas de associação entre as pessoas, as organizações, movimentos e instituições, bem como modelos, paradigmas e modos de vida, eis o cerne da Educação, o coração das ciências sociais e humanas. É todo um sistema de relações, cujo equilíbrio e harmonização se define pela conjunção e aplicação de saberes, e que tem como ponto inevitavelmente central os processos pedagógicos. Nossas instituições, nossa ação profissional, nossos costumes e grande parte de nossa vida mental e social são condicionados por processos educacionais vivenciados nos ambientes escolares, profissionalizantes e acadêmicos, assim como através de estruturas socioeducativas externas à educação formal. Grande parte destas relações educativas se realiza, infor malmente, no contexto das influências sociais e culturais que também se constituem em pedagógicas, funcionando como ações de ensinamento e aprendizado.

A análise do processo educacional, nesta visão, aciona o saber para além do técnico, expande o universo dos saberes. Permite compreender a importância dos saberes intuitivos, do exercício da crítica e do balanço entre sub-jetividade e objetividade como necessidades fundamentais para a constante renovação do conhecimento. Esta visão da educação descortina um horizonte onde se apresenta um tema central, a leitura do mundo e a maneira de co-nhecer este mundo, de com este mundo se relacionar. E o conhecimento do mundo, a tomada de consciência de nosso ser no mundo nos impulsiona, em virtude de nossa vocação humana, à sua transformação.

Esta análise freireana, ainda e sempre atual, é um agente civilizatório do mais alto grau, que vem contribuir para empreendimentos socioeducativos de profundo impacto para o progresso humano. Mas não deixa de causar, no atual momento histórico, profundo desconforto. Deparamo-nos com a inegável instauração de uma crise histórica, já exten-samente anunciada no trabalho de Paulo Freire e por tantos outros comentaristas sociais, de Boaventura de Sousa Santos a Edgar Morin, de Zygmunt Bauman a Leonardo Boff, de José Saramago a Jean Baudrillard, de Peter McLaren a Henry Giroux e Donaldo Macedo, de Anthony Giddens a Jürgen

Habermas, de Hannah Arendt a Teixeira Coelho. Uma face desta crise se manifesta pela tendência à fragmentação do conhecimento, pela tácita aceitação da superficialidade e pela pactuação com a medianidade em detrimento da busca de excelência e da transcendência, da valorização do aprofundamento das ideias e de questionamentos que desafiam a nossa existência. Defende-se, em meio a esta crise histórica, o subjugo epistemológico a um objetivismo ilusório, filho direto do positivismo mais reacionário. Defende-se a organização dos modos de vida com base numa suposta ciência baseada primordialmente no modo econômico de mercado. Freire (1996) nos mostra que esta crise se apoia num fatalismo histórico cujo discurso mais representativo se estrutura, como única possibilidade para o desenvolvimento social e como única maneira de atingir a prosperidade, na redução da existência humana à orientação da ideologia do mercado.

Um princípio fundamental pauta este caminho único proposto pela ideologia do mercado: a transformação de todas as coisas, inanimadas ou vivas, em elementos passíveis de mercantilização. A natureza, as águas, o ar, a terra, o mundo, o planeta, o universo, os seres humanos, e todos os outros seres, suas mentes, seus órgãos, seus sentimentos, sua sexualidade, sua beleza, sua força de trabalho, seu conhecimento, suas existências, suas casas e suas vidas, são considerados como mercadoria. Tudo e todos estão à venda, tudo e todos devem ter seu preço. A realização deste sacramento se determina através de alguns princípios ideológicos e organizacionais bem conhecidos, entre eles a valorização fundamental do lucro, a competitividade como modo de organização das relações, o privilégio a certas corporações, uma atitude liberal em relação ao fluxo de capitais, mercadorias e serviços ligados a estas corporações, a predominância da Economia como área organizadora das relações sociopolíticas, o enfraquecimento das funções protetoras e reguladoras do Estado, a exploração máxima da mão de obra, a destruição das instituições de proteção ao trabalho, entre elas as entidades sindicais, e o forte estímulo à acumulação de bens. Cada um destes princípios demanda estratégias de ação e modos operacionais que os devem fortalecer, e que se materializam através das atividades cotidianas de pessoas, grupos e instituições.

A implantação definitiva do modo de vida regido pelo mercado é um empreendimento histórico, organizado a partir de articulações internacionais, nacionais e locais de altíssima complexidade, e apoiado por sistemas de controle de comportamento de extrema sofisticação. O mercado precisa que as pessoas se identifiquem não somente como seres humanos, mas, sobretudo, como consumidores, que percam seus escrúpulos no esquema de competitividade, que abandonem a ética social da solidariedade, que acreditem no lucro como valor maior, e que aceitem determinados princípios da Economia, como a eficiência, interpretados da maneira mais conveniente à sua ideologia, como orientadores naturais das políticas públicas. O mercado precisa, principalmente, que as pessoas, mesmo que não aceitem totalmente os modos de vida que assim lhes são oferecidos, acreditem que, ou não há alternativa social melhor, ou não é possível transformar esta realidade. Este fatalismo histórico se apoia em uma ampla produção de desejos, em uma psicologia voltada para a fabricação de determinadas formas de relação, na corrupção dos poderes políticos e na cooptação das instituições sociais e das lideranças intelectuais. Este conjunto de técnicas de controle social deve ser exercido a partir de uma pedagogia de massas que traz em seu bojo a concepção de ser humano como *Homo economicus* e de sociedade como conjunto de pessoas e relações com fins exclusivamente mercantis.

A *mão invisível do mercado,* nesta concepção de ser humano e nesta proposição de forma de vida, exerceria uma influência positiva compensando naturais tendências à desagregação, e combatendo os impedimentos para o avanço do desenvolvimento social e humano, conforme definido nas cartilhas capitalistas neoliberais. A acumulação material e o lucro constituem-se, neste mosaico, além de valores fundamentais da existência, em motores do progresso. Com esta justificativa, engendra-se subliminarmente um macroprocesso educativo com finalidade de transmissão, aceitação e absorção deste conjunto de valores e para suas subsequentes elaborações como crenças, prescrições e comportamentos.

O empreendimento educacional necessário ao projeto fatalista constitui-se em um processo político-pedagógico social que atinge o campo da educação formal, molda os meios de comunicação de massas e permeia estruturas informais das mais diversas naturezas. Além dos mecanismos institucionais, este empreendimento se realiza através dos poderes que se entrecruzam no âmbito das relações humanas, comunitárias e sociais, a que Canclini (1998) se refere como os *poderes oblíquos.* São estratégias que devem perpassar todos os níveis de relações, devem entrar nas casas, influir nas relações entre vizinhos, no bairro, nas transações comerciais de todos os tipos, nas maneiras de ser e de compreender os papéis no âmbito da família, da vida cívica e da existência como um todo. Este esquema sociopolítico de psicologia pedagógico-social voltado para o controle cultural, já tantas vezes utilizado em momentos históricos de busca da totalização de pensamentos e costumes, como por e..emplo, na Alemanha nazista e na Itália fascista, atinge, com a tecnologia hoje disponível, graus extremos de sofisticação. Uma das possíveis consequências desta sociopedagogia é que, a partir do aceite dos valores e das realidades propostas pela ideologia neoliberal de mercado como estruturantes e imutáveis, perca-se o sentido da dúvida, da argumentação e da discussão que permitem sonhar, visualizar, descobrir, experimentar, criar e estabelecer outras possibilidades de entendimento, de existência e de manifestação da vocação humana. Assim, o projeto político pedagógico de mercado tem proposições, objetivos, estratégias, táticas e operações bem definidas no que concerne às suas dimensões ideológica, moral, psicológica e social. Sua mão pode ser invisível, mas não age, de f⌐⌐⌐a alguma, ao acaso.

Propostas pedagógicas em conflito: conformismo *versus* humanização

O pacote do controle da sociedade através da via pedagógico-social inclui a pregação da subserviência total, completa, indiscutível e inexorável do projeto cultural à estrutura ideológica de mercado e tem como corolário a maquinização e a desumanização do ser humano. Este tema tem sido bastante explorado pelas ciências sociais e humanas desde a primeira metade do século XX, por diversos autores, entre eles Erich Fromm (1955), Paul Tilich (1952), Rolo May (1972) e Ronald Laing (1967). Nestas análises, o processo de desumanização a partir da opressão se localizava mais claramente como consequência da divisão de classes por categorias econômicas ou por participação em categorias identificadas como minorias de poder, como no caso da discriminação racial, de gênero ou das condições mentais [Fanon (1963); Friedan (1963); Knowles & Prewitt (1969); Szasz. (1970)]. Nas análises do fenômeno da exclusão social via-se com mais simplicidade as questões da desigualdade social e as diferentes formas de sofrimento, reduzidas às diferenças de classe econômica ou de categorias sociais de poder. Freire (1970)[22] foi um dos primeiros a relativizar esta análise, apontando o fenômeno da identificação do oprimido com o opressor e a tendência da pessoa, quando alterada sua realidade de oprimido, de assumir a identidade de opressor. Mostrou, assim como já nos alertava Viktor Frankl (1963), que não somente classes e categorias oprimem outras classes e categorias, mas que membros da mesma classe ou categoria podem passar da posição de submissão para a de opressor quando lhes é dada a oportunidade através da aquisição de poder. Hoje uma de nossas perplexidades se refere ao fato de haver um número cada vez maior de pessoas que, apesar de não sentirem diretamente as agruras da pobreza, apesar de não serem classificadas nas categorias tradicionalmente vistas

---

22. A 1ª. edição da *Pedagogia do oprimido* é de 1970, na língua inglesa. No Brasil sua 1ª edição é de 1974. NF.

como dos oprimidos, apresentam um amplo espectro de vulnerabilidade social. A análise desta vulnerabilidade foi, durante muito tempo, ignorada na estrutura do conhecimento e até, às vezes, ridicularizada, por se entender que não se pode comparar o sofrimento dos pobres com o dos burgueses e o da pequena burguesia. Mas cada vez mais somos levados a perceber, atualmente, que há, em algum nível, um sofrimento comum ao ser humano como um todo, transcendendo o pertencimento a classes e categorias sociais. Isto não quer dizer, de forma alguma, que deixaram de existir classes sociais ou que os pobres têm o mesmo grau de sofrimento que os ricos e as classes médias. É muito difícil imaginar a medida do sofrimento, mas pode-se dizer que as pessoas têm diferentes maneiras de externar o sofrimento. O fato é que hoje cada vez mais encontramos vítimas da desumanização, da brutalidade, da violência e da selvageria que caracterizam a corrente crise histórica, em todos os segmentos da sociedade, guardadas suas especificidades e as devidas proporções.

É neste contexto de universalização da opressão que se instaura uma realidade onde predomina a "maquinização" do ser humano. Esta realidade é mais clara no trabalho, onde a exploração total e absoluta da mão de obra é vista como perfeitamente normal e facilitada pela precarização do trabalho frente ao capital, isto é, do enfraquecimento do trabalhador de qualquer nível frente aos objetivos de lucro das empresas. Para que isto se efetive é preciso "despessoalizar" as relações, tornar as relações impessoais, o que quer dizer, tirar as características humanas das pessoas, vê-las não como seres humanos, mas como "recursos humanos", "capital humano", "mão de obra", denominações que atenuam as ações que se tomem em favor de seu desemprego, do corte de benefícios de trabalho e de achatamentos salariais. Além disso, o espaço da precarização é o espaço das exigências cada vez mais desumanas, da instauração de metas e objetivos cada vez mais vilipendiadores da saúde e da dignidade dos trabalhadores de vários níveis, do operário de fábrica ao gerente de banco, do professor universitário ao empregado das empresas de telecomunicações. A desumanização é promovida e potencializada através do estímulo radical à competitividade e ao egoísmo. Uma consequência é o afastamento das pessoas entre si, que passam a se ver como potenciais adversários e ao mesmo tempo potenciais meios para realização dos objetivos de cada um, fundando-se as relações no medo e no interesse material. Esta proposta existencial, manifesta claramente nos ambientes do trabalho e muitas vezes repetida a partir da propaganda sociopedagógica em outros ambientes, proporciona, para muitos, desesperança e a perda de sentido de vida. Isto é pior, evidentemente, para aqueles cuja posição social e econômica, cujas vicissitudes, cujo "desempoderamento", dificultam o estabelecimento de uma estrutura social e psicológica necessária para lidar com esta realidade brutal.

Torna-se mais atual que nunca um dilema, apontado por Freire há 40 anos, na *Pedagogia do oprimido*. É uma problematização fundamental, ali colocada como a mais importante questão axiomática, no que tange à viabilidade da sociedade — o problema da humanização. A questão é crucial e inescapável embora, do ponto de vista da hegemonia neoliberal, indesejável, já que a ideologia fatalista de mercado funda sua existência na desumanização. O momento histórico evidencia, portanto, um claro embate cultural e epistemológico. O mercado exige a brutalização, a destruição do senso comunitário, a transmutação dos espaços de vida — cidades, ruas, casas —, da terra, das águas, do ar, dos corpos, das pessoas, do trabalho e da própria vida, em mercadorias, tirando dos indivíduos e das populações as características de servir a um projeto de realização e completude compatível com a vocação humana, que não é o da maquinização. A ideologia de mercado demanda a "coisificação" das pessoas, tratadas como objetos descartáveis, substituíveis, facilmente passíveis de reposição, o que por sua vez facilita sua exploração como mão de obra cada vez mais desvalorizada. Esta postura ideológica requer, ao máximo, relações humanas efêmeras, frágeis e malconduzidas, pondo sempre sob suspeita articulações, movimentos e formas de união que podem tornar-se semente de incômodos questionamentos. O fortalecimento desta ideologia necessita desvalorizar e desrespeitar a vida. Esta desvalorização e este desrespeito culminam, como efeito colateral, no descaso para com os outros seres humanos, na violência que assola o planeta como uma epidemia de terríveis proporções. Outro efeito colateral é o descaso para com os outros seres vivos e para com a natureza em geral, antropocentrismo que está levando à destruição do meio ambiente e inviabilizando a própria vida.

Os ideólogos do mercado vivem, entretanto, um paradoxo que pode se descrever assim: o teatro histórico social exige que se preserve, em qualquer empreendimento humano, como até mesmo nas guerras, uma aura de civilização. Por conseguinte, o projeto do mercado não pode se mostrar com sua face real, ele tem que ser mostrado como a melhor opção para a democracia e para a humanização. Para lidar com este problema os ideólogos do mercado inventam projetos compensatórios, apresentando soluções ilusórias para os problemas criados no contexto de sua insustentabilidade biológica e social. Geralmente estes projetos se apropriam das linguagens identificadas com sua antítese, ou seja, com a sustentabilidade humana, social e ambiental, o que dificulta e confunde a discussão destas questões. É o que acontece, por exemplo, com o próprio tema da humanização, e com outros temas como o da solidariedade e o da responsabilidade social.

Assim, de um lado, há a necessidade dos ideólogos do mercado de convencer a humanidade, através de uma pedagogia de massas, de que o modo de vida proposto pela sociedade de mercado é o melhor para o ser humano. Ao mesmo tempo, por questões estratégicas, devem apregoar que não há outra saída, que não há nenhuma opção melhor. De outro lado, aqueles que não acreditam, não aceitam e não se submetem a estas proposições, tentam resistir através do estabelecimento de uma pedagogia social que apresente proposições alternativas à orientação fatalista da pedagogia do mercado. Este conflito se apresenta, axiomaticamente, em torno do tema da humanização. Uma grande complicação neste embate é exatamente o fato de os ideólogos de mercado não poderem assumir, de forma integral, sua verdadeira identidade ideológica, o que os leva a utilizar-se da linguagem que orienta seus oponentes. Isto acaba prejudicando seriamente a discussão pública, pois há sempre, da parte dos que não aceitam a ideologia de mercado, a necessidade de esclarecimento sobre sua linguagem, seus símbolos e significados. Em consequência, os que se posicionam contra a ideologia de mercado consomem

PEDAGOGIA DA SOLIDARIEDADE | 121

muita energia na busca de uma linguagem diferenciada, que acaba em algum momento também sendo cooptada. Por isto, se veem grandes esforços para criar, recriar ou refinar conceitos e denominações, além do recurso de se chamar atenção para o fato de que estamos falando de uma "verdadeira" humanização, de uma "verdadeira" solidariedade, ou de uma "verdadeira" responsabilidade social, e assim por diante. A confusão é, no final das contas, plenamente aproveitada para fomentar um alto grau de insegurança nas pessoas e, portanto, forçar uma escolha conservadora — "é melhor assim do que o caos, que certamente viria com as transformações." A ideologia de mercado procura, desta forma, evitar que as pessoas rompam com o fatalismo histórico que busca promover.

Parece, portanto, altamente necessária, no contexto atual, uma discussão pública e bem-informada sobre a importância e o significado da ideia de humanização, tomada como problema central para a viabilidade da sociedade contemporânea. E, em consequência, uma discussão sobre os principais mecanismos pedagógicos que apontam para uma facilitação ou para uma cada vez maior destruição do processo de humanização.

A Educação do século XXI: o lugar da humanização e da solidariedade

No segundo texto deste livro, que me coube comentar, Paulo Freire discute com vários pensadores sobre como deve ser a educação neste século que recém se iniciou. Permeia esta discussão, de forma direta ou indireta, o tema da humanização e, como seu corolário, o tema da solidariedade. Fica claro que, quando se discute, naquele texto, a pedagogia do bairro, a relação com o outro e o papel da esperança, temas centrais na obra de Freire, fala-se da essência do ser humano, de suas oportunidades, de suas escolhas, e de como estas oportunidades e escolhas se apresentam perante o componente mais representativo de sua vocação, que é, como manifesta Freire na *Pedagogia do oprimido* (1974), e, depois, na *Pedagogia da esperança* (1992), a humanização, que se contrapõe à desumanização, que não é sua vocação.

Quanto à solidariedade, Freire distingue, ainda na *Pedagogia do oprimido*, a que é vista como caridade, e que não é considerada por ele como solidariedade, de uma outra, a verdadeira solidariedade, que é a ajuda que se proporciona àquele que necessita, para que ele não mais venha a necessitar. Solidariedade, neste sentido, é partilhar da luta dos que tentam escapar de suas variadas formas de opressão. É uma manifestação de apoio e uma postura existencial e política. Partilhar da luta do outro contra a opressão é unir-se a estes outros na conquista da justiça social, é ir além dos limites da caridade, que fornece uma ajuda pontual, mesmo que contínua; é assumir uma ação libertadora.

A solidariedade pode também ser definida por suas características operacionais, ou seja, pela maneira como ela pode concretamente se manifestar. Ela se concretiza em meio às lutas entre oprimidos e opressores, em diferentes níveis. Estas lutas são mais visíveis quando se consideram os movimentos políticos, mas podem também ser localizadas em situações não tão óbvias, como nas relações cotidianas do trabalho, da vida doméstica, da utilização de serviços públicos e privados, dos abusos de poder que se apresentam diariamente perante os cidadãos comuns. Ser solidário, neste nível situacional, muitas vezes não é uma atitude direcionada a uma pessoa, ou seja, podemos ser solidários até mesmo com pessoas com quem não estamos em contato direto, ao enfrentarmos problemas comuns. Somos solidários quando compartilhamos da luta contra as situações de abuso, ao tomarmos atitudes de resistência que outros também tomam, configurando uma solidariedade fluida, dinâmica, para além da conexão pessoal.

Estas formas de solidariedade são representativas das lutas de grupos que sofrem opressão de forma fragmentária, como, por exemplo, funcionários subalternos perseguidos por chefes opressores, na situação a que hoje denominamos assédio moral; crianças submetidas a maus-tratos em lares, escolas e abrigos; idosos vítimas de maus-tratos análogos; consumidores diante de normas e regulamentos que servem como subterfúgios para impedi-los de exigir padrões de qualidade quanto aos produtos e serviços públicos ou privados; pessoas que, por sua condição de diferença, sejam perseguidas, como minorias raciais, sexuais, portadores de transtornos psíquicos, egressos do sistema penitenciário e outros; os que lutam contra ideologias hegemônicas, em diferentes níveis, como na Universidade e em organizações defensoras do meio ambiente. Todas estas situações são variáveis importantes para a maneira como uma sociedade se porta como um todo, e não podem deixar de ser abordadas numa educação propriamente inserida num projeto de nação e de humanidade. A questão fundamental é: como garantir que os atuais e futuros cidadãos tenham acesso, nas escolas e através de uma sociopedagogia de largo alcance, ao conhecimento sobre estes assuntos e possam instrumentalizar sua análise crítica? Ao abordar esta questão devemos nos preocupar em como atingir este objetivo sem cair no mesmo erro de tentar utilizar a educação formal e de massas como mero meio de doutrinação.

Há, portanto, que pensar nas maneiras práticas de inserir os grandes temas relacionados à construção de uma sociedade justa, humanizada e solidária no processo de desenvolvimento das pessoas como cidadãos. Edgar Morin (1997), ecoando Freire, propõe que a maneira mais inteligente de fazê-lo é voltando-se para a ideia de comunidade. Para Morin e Freire, a retomada de um espírito de comunidade (que Morin considera perdido, mas recuperável) é essencial para a sustentabilidade social. Faz sentido, já que vivemos numa situação social complexa, onde os sistemas e subsistemas, grupos, indivíduos, famílias, empresas e instituições exercem influência direta e constante uns sobre outros, relações que configuram aquilo que chamamos de vida social. Uma postura de individualismo radical, onde cada um se preocupe primordialmente com seus próprios problemas, sem levar em conta os outros, é um caminho certo para a desagregação social. A noção de vida comunitária, onde se incluem o respeito, a preocupação com o outro, a solidariedade, é, neste sentido, fundamental. E daí nos deparamos, seguindo nosso raciocínio de buscar, a inserção destas noções na educação do ser humano contemporâneo, com a questão de como fortalecer o espírito de comunidade.

Uma necessidade para o fortalecimento da comunidade, além de estudar seu significado, é vivê-la como experiência. Comunidade não pode ser entendida sem uma prática comunitária. Comunidade é vida de relação e por isso não pode ser contida apenas em teorizações, há necessidade de que quaisquer teorias que se apresentem para sua análise sejam acompanhadas de uma prática viva, que se manifesta não como observações acadêmicas, mas na prática da própria existência. Neste sentido, uma educação que contribua para o fortalecimento da comunidade e, portanto, para o progresso social, tem que estar imersa na vida comunitária. Esta noção não é nova. Freinet[23] e o próprio Freire (1970) promoveram experiências, já na primeira metade do século XX, onde o processo educativo e a escola se inseriam vivamente no contexto comunitário, experiências que demonstraram cabalmente seu sucesso e que infelizmente, por questões ideológicas, foram suprimidas dos planos educativos em governos subsequentes. Já na década de 1980 a experiência da Educação Social de Rua (Oliveira, 2004) voltou a demonstrar a força de um projeto educativo voltado para a formação cidadã no contexto comunitário. São formas educativas que devem ser retomadas, readaptadas, cujos arcabouços teóricos e relatos de práticas podem ser de uma imensa utilidade para o progresso sustentável de nossa civilização, tão necessitada de experiências educativamente saudáveis.

Assim, a inserção da humanização e da solidariedade, por um lado, e do fortalecimento vivo da comunidade, como elementos fundamentais do processo educativo, constituem um grande desafio para a educação no século XXI. Sem estes elementos presentes e vigorosamente atuantes fica mais difícil um projeto social que garanta a

---

23. A edição citada é de 1969, mas a original é de 1947. WO.

sustentabilidade humana. Só uma sociedade humanizada oferece condições de sustentação para o projeto humano e a humanização deve incluir a solidariedade se definirmos esta como um elo entre as pessoas, uma preocupação sincera com o outro, que permita o desenvolvimento concreto de um espírito de grupo, de um corpo social, de uma vida comunitária. Neste sentido, o progresso social é função direta do grau de solidariedade existente entre seus vários membros, sejam estes considerados como pessoas, grupos ou categorias. A solidariedade constitui-se, assim, em uma força de coesão que facilita o funcionamento comunitário e a vida social. É uma visão que se opõe à ideia de solidariedade como mero sinônimo de filantropia, cuja natureza é compensatória, buscando a correção das consequências de projetos sociais mal-equacionados, como a distribuição injusta de riquezas, a desvalorização da vida e a desigualdade social. Já a solidariedade é positivamente construtiva, podendo inspirar a criação de mecanismos estruturais que evitem a necessidade de posteriores compensações.

Uma educação contemporânea deve, portanto, ser humanizadora, fomentadora de solidariedade e fortalecedora de comunidade. Para isso, tem que afrontar o fatalismo histórico da ideologia de mercado, que prega a competitividade e o individualismo extremos, que se contrapõem diretamente à solidariedade e à humanização, interpretando-as como filantropia, pois necessita da "maquinização" e "tecnificação" do ser humano, e à comunidade, pois é essencialmente fragmentária, desagregadora e dissociativa. Há várias tentativas de efetivação de formas educativas deste tipo, a maioria com sucessos pontuais, como se vê em iniciativas como a Pedagogia do Bairro, a Educação Comunitária e a Educação Social. Estas iniciativas sofrem do problema fundamental da separação artificial entre educação escolar e não formal, um assunto que deve ser melhor explorado em outras oportunidades.

Um modelo interessante de ação educativa de Estado que tenta desconstruir esta fragmentação, são os Colégios Comunitários, nos Estados Unidos. Neste modelo, encontra-se uma tentativa de unir uma estrutura formal, geralmente de grande porte, com uma educação voltada para a profissionalização, ao mesmo tempo proporcionando um encontro entre formação profissional e utilização de serviços pela comunidade. O modelo segue a tradição norte-americana de participação comunitária em processos político-pedagógicos, iniciado com as escolas comunitárias, conforme os ensinamentos de Colonel Parker, no século XIX. Outra forma viva e interessante de inserir a comunidade numa discussão sobre a construção de seu próprio destino é a iniciativa de financiamento de Centros Comunitários e suas variantes, como os Centros de Convivência de Jovens, os Centros para a Terceira Idade e congêneres. Este modelo é corrente na Europa e tem uma aplicação também importante em países como Cuba, Colômbia, México, Austrália, Nova Zelândia e África do Sul.

Do ponto de vista de orientações teórico-práticas, além de Freire, Freinet e da Educação Social de Rua, já citados a pedagogia social de Anton Makarenko, na antiga União Soviética, constitui uma outra fonte importante, incorporando os meios sociopedagógicos proporcionados pelas atividades produtivas e pelos meios de comunicação de massas. Evidentemente, sempre que se lida com atividades produtivas ligadas à educação, como é o caso dos Colégios Comunitários nos EUA, das escolas populares de Freinet na França, ou na produção de bens promovida por Makarenko na URSS, tem-se o perigo de cair, mais uma vez, na orientação para uma educação profissionalizante de visão essencialmente capitalista, onde o objetivo não é o processo de inserção na produção como um meio de vivência pedagógica e comunitária, mas somente o produto, o resultado, o bem ou serviço que se produz. Este tipo de problema é vivido intensamente, por exemplo, nas oficinas que florescem em instituições onde grupos específicos são treinados para estes processos de geração de renda. Um dos desafios destes processos educativos é exatamente balancear a busca da qualidade dos produtos com a dinâmica do processo, tornando a atividade não só um meio de produzir renda, mas um meio também de crescimento pessoal e uma possibilidade de aumentar o grau de humanização e solidariedade e de inserção social.

À Guisa de Conclusão

A educação necessária ao avanço da desumanização é uma educação por adestramento. Este tipo de educação, combatido por Paulo Freire e magistralmente desmascarado por Paula Brügger (1994) é hoje promovido em escala global e atinge os países periféricos com força total. Este projeto de educação se contextualiza no sucateamento dos serviços públicos e das redes de proteção social, reforçados por uma mídia que se situa entre a miopia e a parcialidade e por governos corrompidos e subservientes ao projeto da entrega do patrimônio público à sanha necrofílica do mercado internacional.

Mas apesar de um quadro francamente favorável à desumanização e à desesperança, as vozes de alguns pensadores se unem à imorredoura esperança de educadores que se recusam a simplesmente se alinhar neste projeto coletivo de contraeducação. Por isto vale a pena, como clama e como fez Paulo Freire, ainda e sempre sonhar. Por isto vale a pena ainda e sempre falar em ideais, em utopias e pensar as maneiras de buscar sua concretização. Por isto duvidamos, como sugere Freinet, não só do que é claramente duvidoso, mas daquilo que tentam nos impor como verdades absolutas. Por isto rejeitamos esta "verdade absoluta" que nos tentam impingir, de que o mercado nos trará a felicidade, que a destruição ambiental é inevitável e que é bom nos submetermos às forças imperialistas das especulações do capital. Rejeitamos veementemente a destruição da Educação através do adestramento, o que se caracteriza como mais uma maneira de domar seres humanos, de torná-los mão de obra acrítica, escravos ingênuos de empreendimentos que têm como resultado nossa própria destruição. Defendemos uma Educação crítica, humanizadora, solidária e fortalecedora de um espírito de Comunidade, acreditando que esta Educação é condição essencial para o bem-estar amplo da população. Acreditamos que a justiça social é possível e que temos tudo para promovê-la. Para isso temos que querer, aprender e trabalhar, sabendo que há todo um processo em ação promovendo o não querer e o desaprender, aliados a uma inércia paralisante e opressiva. Mas que, *como* e *com* Freire, nos recusamos a aceitar.

REFERÊNCIAS

BRÜGGER, Paula. *Educação ou adestramento ambiental?* Florianópolis: Letras Contemporâneas, 1994.

CANCLINI, N.G. *Culturas híbridas: estratégias para entrar e sair da modernidade* .Tradução de Ana Regina Lessa e Heloísa Pezza Cintrão. 2ª ed., São Paulo: Editora da Universidade de São Paulo (Edusp), 1998 (© 1989).

FANON, Frantz. *The wretched of the earth*. Nova York: Gold Press, 1963.

FRANKL, Victor. *Man's search for meaning*. Nova York: Washington Square Press, 1963.

FREINET, Celestin. *Para uma escola do povo*. Lisboa: Presença, 1969 (© 1947).

FREIRE, Paulo. *Pedagogia da autonomia: saberes necessários à prática educativa*. São Paulo: Paz e Terra, 1996.

Pedagogy of hope. Reliving pedagogy of the oppressed. Nova York: Continuum Publisher, 1995.

Pedagogia do oprimido. São Paulo: Paz e Terra, 1974.

FRIEDAN, Betty. *The feminine mystique*. Nova York: Summit Books, 1963.

FROMM, Erich. *The sane society*. Greenwich, Connecticut: Fawcett, 1955.

KNOWLES, Louis L. & PREWITT, Kenneth (Eds.). *Institutionalized racism in America*. Englewood Cliffs, Nova Jersey: Prentice-Hall, 1969.

LAING, Ronald D. *The politics of experience*. Nova York: Ballantine, 1967.

MAY, Rollo. *Power and innocence: a search for the sources of violence*. Nova York: Delta, 1972.

MORIN, Edgar. "Complexidade e ética da solidariedade". In: CASTRO, Gustavo (Coord.) *Ensaio de complexidade*. Porto Alegre: Sulina, 1997.

OLIVEIRA, Walter Ferreira de. *Educação social de rua: as bases políticas e pedagógicas para uma educação popular*. Porto Alegre: Artmed, 2004.

RADER, Melvin. *The enduring questions. Main problems of philosophy*. 3ª ed., Nova York: Holt, Rinehart and Winston, 1976.

SZASZ, Thomas S. Ideology and insanity: essays on the *psychiatric dehumanization of man*. Garden City, Nova York: Doubleday, 1970.

TILLICH, Paul. *The courage to be*. Londres: Yale University Press, 1952.

POSFÁCIO

Revisualizando Freire Além dos Métodos.

Donaldo Macedo[24]

Nita Freire e Walter Oliveira não somente proporcionam aos leitores e leitoras deste livro novas lentes para entender os temas profundos, criticamente dialéticos e intransigentemente democráticos que caracterizaram a busca

---

24. Professor Catedrático em Ciências Humanas e Diretor do Departamento de Pós-Graduação em Linguística Aplicada da Universidade de Massachusetts, Boston, EUA, Donaldo Macedo é Doutor em Psicolinguística pela Universidade de Boston. Ele foi, sem dúvida, o amigo confidente mais próximo e querido de Paulo Freire nos seus últimos 20 anos da vida. É membro laureado do Kappa Delta Pi — International Society in Education, [que no passado, entre outras pessoas, homenageou com a mesma honraria que a Albert Einstein (1950), Walter Lippman (1960), Margaret Mead (1962), Charles E. Skinner (1966) e Jean Piaget (1974)], por ter sido reconhecida a sua obra como importante contribuição acadêmica tanto nos EUA quanto em muitos outros países do mundo.

Sua obra se constitui em mais de 100 artigos e livros publicados nas áreas de linguística, alfabetização crítica e educação multicultural, tendo sido traduzidos para as línguas do Cabo Verde, Grécia, Japão, Espanha, Turquia, Portugal e Brasil. Destaco as seguintes obras de Macedo: *Literacy: Reading the Word and the World* (com Paulo Freire, 1987), *Literacies of Power: What Americans Are Not Allowed to Know* (1994), *Dancing With Bigotry* (com Lilia Bartolome, 1999), *Critical Education in the New Information Age* (com Paulo Freire, Henry Giroux e Paul Willis, 1999), *Chomsky on Miseducation* (com Noam Chomsky, 2000), *The Hegemony of English* (com Panayota Gounari e Bessie Dendrinos, 2003), *Howard Zinn on Democratic Education* (com Howard Zinn, 2005), *The Globalization of Racism* (com Panayota Gounari, 2005), *Media Literacy* (com Shirley Steinberg, 2007) e *Ideology Matters* (com Paulo Freire, no prelo). Destaco a publicação no Brasil da tradução do "livro falado" em 1987 com Paulo Freire: *Alfabetização: leitura do mundo, leitura da palavra*. São Paulo: Paz e Terra, 1990. NF.

PEDAGOGIA DA SOLIDARIEDADE | 133

de Paulo Freire de imaginar, durante sua vida, como ele frequentemente enfatizou, um mundo que seja menos discriminatório, mais justo, menos desumanizante e mais humano. Este livro não poderia ser mais oportuno, dadas as inclinações de muitos liberais e neoliberais de reduzir Freire a um método — um processo através do qual suas principais ideias relativas à justiça social e à libertação são seletivamente apropriadas de forma a não enfrentar ao seu sempre presente desafio aos educadores e às educadoras a engajar-se na práxis. É somente através da práxis, e não da prática educacional que infantiliza a práxis, que pode haver esperança na transformação tanto das estruturas sociais — que geram a miséria humana — quanto dos atores sociais que constroem, moldam e mantêm uma visão necrofílica da história. Isto é, relegando, por exemplo, as ideias democráticas radicais de Freire a um "método dialógico", estes educadores tentam utilizar sua associação com Freire como a uma espécie de mascote progressista, enquanto permanecem coniventes com uma visão de mundo neoliberal que promove um discurso fatalista desenhado para imobilizar a história de tal forma que eles possam se acomodar ao *status quo*. Um *status quo* no qual eles mantêm seus privilégios, recompensas e benefícios e através do qual eles se tornem aptos a engajar-se numa construção social que impede de ver a malignidade de um capitalismo endurecido. Este que favoreceu a ascensão dos barões assaltantes do século XXI, cuja ambição obscena é acumular enormes quantidades de riqueza enquanto a maioria dos despossuídos, dos sem-terra e explorados do mundo são rotineiramente relegados a uma condição subumana.

As ideias principais de Freire, como a da relação entre autoridade e liberdade, são frequentemente reduzidas e diluídas por muitos liberais através de uma adoção equivocada de diálogo-como-método, no qual as relações dialéticas são esvaziadas e substituídas por um processo dialógico burocratizado, orquestrado pelo facilitador, o qual falsamente renuncia à sua autoridade como professor ou professora e que acaba sendo um processo que propicia a ascensão de uma política sem conteúdo. Isto é o que acontece muito com aqueles professores que confundem autoridade com autoritarismo e que, em sua aspiração por lutar contra o autoritarismo, falsamente renunciam sua autoridade como professores para se tornarem apenas facilitadores. Neste processo, impõem um "método dialógico" mecanizado de uma forma rígida que pode requerer, por exemplo, que todos os estudantes tenham que falar mesmo quando eles escolhem não fazê-lo. Esta rigidez transforma o ensinar dialógico verdadeiro, não em uma busca do objeto de conhecimento, mas em uma forma superficial de democracia na qual todos os estudantes devem forçosamente participar, numa tarefa em que se revezam, de puro "blá-blá-blá".

Eu mesmo já vivi a experiência de estudantes me sugerindo monitorar o tempo que os estudantes falassem em aula para poder assegurar a participação igualitária de todos. Frequentemente estas sugestões são apresentadas sem nenhuma preocupação de que tal revezamento do falar tenha relação com as leituras requeridas.

De fato, em muitos casos, estudantes e seus facilitadores se empenham bastante para enfatizar excessivamente o processo de revezamento da fala, ao mesmo tempo que enfatizam a apreensão crítica do objeto de conhecimento.

Em verdade, suas preocupações buscam reduzir o diálogo a uma mera técnica. Eu quero deixar claro que, ao criticar a mecanização do revezamento da fala, não pretendo ignorar as vozes que têm sido silenciadas pelo método inflexível e tradicional, da aula mecanicamente expositiva. O que é importante ter em mente é não desenvolver um contexto pedagógico no qual a tarefa de dar a vez para a voz dos estudantes resulte numa nova forma de imposição rígida. Ao contrário, é importante criar estruturas pedagógicas que fomentem o engajamento crítico como a única forma para os estudantes terem voz. A licença acrítica a dar tempos iguais para todos e todas se manifestando de uma forma rígida oportuniza apenas uma troca do tipo "blá-blá-blá" que resulta numa forma de silenciamento enquanto se fala.

Educadoras ou educadores críticos deveriam evitar a todo custo o abraçar cego de abordagens que falam vaziamente de democracia e deveriam estar sempre abertos às múltiplas e variadas abordagens que possibilitam a curiosidade epistemológica, inclusive da democracia como objeto de conhecimento e não só como opção política.

A aceitação fácil e acrítica de qualquer metodologia, independentemente de sua promessa progressista, pode ser facilmente transformada em uma nova forma de rigidez metodológica, o que constitui, na minha visão, uma forma de terrorismo metodológico.

Uma conversa vazia do verdadeiro diálogo é perniciosa, na medida em que desabilita estudantes e facilitadores (pseudoprofessores), ao não criar espaços pedagógicos para a curiosidade epistemológica, para a consciência crítica e para a ação empreendedora. Estas constituem a única forma através da qual se pode transcender a experiência para abraçar novos conhecimentos no sentido de abranger a própria experiência de cada um.

Além disso, a burocratização do processo dialógico não apenas impede o acesso às ideias centrais de Freire, que invocam a transformação, mas também ignoram a repetida renúncia dele a ser um facilitador que ingenuamente, mas não inocentemente, abandona a autoridade de professor. Como ele disse claramente: "Deixe-me começar respondendo que eu me considero um professor e sempre um professor. Eu nunca pretendi ser um facilitador. O que eu também quero deixar claro é que em sendo um professor, eu sempre professo para facilitar. Eu não posso aceitar a noção de um facilitador que facilita de forma a não professar."[25]

Este fetiche por métodos, o qual Lilia Bartolomé[26] tão acuradamente denunciou, não somente vai contra as propostas de Freire, para a sua pedagogia libertadora, mas também aumenta a fragmentação dos corpos de conhecimento, desta forma enevoando a realidade e eclipsando as possibilidades de ler o mundo criticamente.

---

25. Paulo Freire e Donaldo Macedo, *A Dialogue:* "Culture, Language, and Race" in *Harvard Educational Review*, vol. 65, n° 3, p. 377 a 402, Outono de 1995.
26. Lilia L. Bartolomé, "Beyond the Methods Fetish: Toward a Humanizing Pedagogy" in *Harvard Educational Review,* vol. 64, n° 2, p. 173 a 194, Verão de 1994.

Em outras palavras, como Nita Freire e Walter Oliveira convincentemente deixam claro, o que é importante é o engajamento crítico com as ideias centrais de Freire e não com os métodos pelos quais ele é conhecido. O que é importante é que os educadores e as educadoras desenvolvam a capacidade de transcender os métodos e atinjam a pedagogia humanizante tal como é proposta por Freire: "Uma educação humanizante é o caminho através do qual homens e mulheres podem tornar-se conscientes acerca de sua presença no mundo — a maneira como eles agem e pensam quando desenvolvem todas as suas capacidades, considerando suas necessidades, mas também as necessidades e aspirações de outros."[27]

Uma pedagogia humanizante nunca deveria ser reduzida a um processo que habilita o indivíduo a esconder seus privilégios e paternalisticamente proclamar que quer dar voz ao oprimido, enquanto se gaba de sua benevolência. Uma benevolência que reduz o processo complexo de adquirir voz a um pacote de presentes, enquanto o recipiente grato pela voz é paternalisticamente transformado em troféu e usado como um distintivo da generosidade do outro. É irrelevante que a generosidade frequentemente seja falsa e a postura de dar voz ao oprimido(a) cheire à arrogância pútrida — uma arrogância que permite a muitos liberais "tornarem-se enamorados e talvez interessados nos [grupos oprimidos] por um período",[28] ao mesmo tempo que se

---

27. Paulo Freire e Frei Betto, *Essa escola chamada vida*. São Paulo: Editora Scipione, 1998, p. 32.
28. Albert Memmi, *The Colonizer and the Colonized*. Boston: Beacon Press, 1991, p. 26.

escondam da realidade que criou as condições opressivas que eles dizem querer melhorar.

Recordo-me de colegas brancos que exibem seus emblemas de "mentores de estudantes" das minorias e ao mesmo tempo trabalham agressivamente para sabotar colegas membros de minorias que, de fato, possibilitam a estas adquirirem voz — não como receptores de voz como um presente, mas em um processo árduo de *conscientização*. Não somente estes brancos "provedores de voz" sentem-se feridos e traídos pelo que eles percebem como "ingratidão", mas eles não podem ver a si mesmos fora do papel que seus privilégios permitiram, ou seja, o de se colocar como representantes ou porta-vozes dos oprimidos e das oprimidas.

Esta postura superpaternalista é bem entendida por bell hooks,[29] que caracterizou esta atitude de feministas brancas como a crença de que não há "necessidade de escutar sua voz quando eu posso falar sobre você melhor do que você pode falar sobre você mesma".[30]

O livro de Jill McLean Taylor, coeditado com Carol Gilligan e Amy Sullivan, *Between voice and silence: women and girls, race and relationships* [Entre a voz e o silêncio: mulheres e meninas, raça e relações], amplamente dá suporte ao que bell hooks afirma, isto é, que muitas mulheres brancas se apropriaram das vozes das mulheres pertencentes às minorias. Uma apropriação que foi, acuradamente, chamada

---

29. bell hooks, que faz questão de escrever seu nome com letras minúsculas, é uma escritora negra e importante militante feminista nos EUA. NF.
30. bell hooks, *Yearning: Race, Gender and Cultural Politics*. Boston: South End Press, 1990.

por Grace Mitchell como de uma pedagogia ventríloqua, pela qual "muitos professores brancos feministas tentaram dar voz às experiências de mulheres marginalizadas" .

O livro organizado por Nita Freire e Walter Oliveira mais uma vez nos lembra da insistência de Freire pela coerência intelectual — uma coerência que diminui o abismo entre o discurso e a ação e minimiza a contradição que frequentemente paralisa projetos políticos progressistas.

Em última instância, Freire sempre nos desafiou a abraçar a esperança como uma força transformadora assumindo nossa relação no mundo e com o mundo como agentes históricos capazes de denunciar toda e qualquer forma de opressão de maneira que nós possamos anunciar um mundo mais justo e mais humano. Como ele frequentemente assinalou: "Mudar é difícil mas é possível" e esta possibilidade reside, primordialmente, em nosso desejo de uma autotransformação no sentido de uma postura ética para seguirmos a afirmação de Ghandi: "Nós temos que ser a mudança que desejamos ver"[31] e assim concretizarmos a utopia de Paulo Freire.

---

31. Citação em *Time Magazine*, edição de 12 de fevereiro de 2007.

Títulos de Paulo Freire editados pela Paz e Terra

À sombra desta mangueira

Ação cultural para a liberdade – e outros escritos

A África ensinando a gente – Angola, Guiné-Bissau, São Tomé e Príncipe (Paulo Freire e Sérgio Guimarães)

Alfabetização: leitura do mundo, leitura da palavra (Paulo Freire e Donaldo Macedo)

Aprendendo com a própria história (Paulo Freire e Sérgio Guimarães)

Cartas a Cristina – reflexões sobre minha vida e minha práxis

Cartas à Guiné-Bissau – registros de uma experiência em processo

Dialogando com a própria história (Paulo Freire e Sérgio Guimarães)

Educação como prática da liberdade

Educação e mudança

Educar com a mídia – novos diálogos sobre educação (Paulo Freire e Sérgio Guimarães)

Extensão ou comunicação?

Lições de casa – últimos diálogos sobre educação (Paulo Freire e Sérgio Guimarães) (Título anterior: *Sobre educação* – Lições de casa)

Medo e ousadia – o cotidiano do professor (Paulo Freire e Ira Shor)

Nós dois (Paulo Freire e Nita Freire)

Partir da Infância – diálogos sobre educação (Paulo Freire e Sérgio Guimarães)

Pedagogia da autonomia – saberes necessários à prática educativa

Pedagogia da esperança – um reencontro com a Pedagogia do oprimido

Pedagogia da indignação – cartas pedagógicas e outros escritos
Pedagogia da libertação em Paulo Freire (Nita Freire *et al.*)
Pedagogia da solidariedade (Paulo Freire, Nita Freire e Walter
Ferreira de Oliveira)
Pedagogia da tolerância
Pedagogia do compromisso – América Latina e Educação
Popular
Pedagogia do oprimido
Pedagogia dos sonhos possíveis
Política e educação
Por uma pedagogia da pergunta (Paulo Freire e Antonio
Faundez)
Professora, sim; tia, não
Sobre educação vol. 2 (Paulo Freire e Sérgio Guimarães)

Este livro foi composto na tipologia Dante MT Std, em corpo 12/15, e impresso em papel off-white no Sistema Cameron da Divisão Gráfica da Distribuidora Record.